经管类应用型本科人才培养实训系列教材

U0674914

韩曙平 黄 萍 主 编
刘 强 周 青 副主编

证券投资
综合实训教程

Zhengquan Touzi Zonghe Shixun Jiaocheng

东北财经大学出版社
Dongbei University of Finance & Economics Press
大 连

图书在版编目（CIP）数据

证券投资综合实训教程/韩曙平，黄萍主编. —大连：东北财经大学出版社，2016.12（2018.1重印）

（经管类应用型本科人才培养实训系列教材）

ISBN 978-7-5654-2542-4

Ⅰ.证…　Ⅱ.①韩…②黄…　Ⅲ.证券投资-高等学校-教材
Ⅳ.F830.91

中国版本图书馆CIP数据核字（2016）第282841号

东北财经大学出版社出版

（大连市黑石礁尖山街217号　邮政编码　116025）

网　　址：http://www.dufep.cn

读者信箱：dufep@dufe.edu.cn

大连东泰彩印技术开发有限公司印刷　　东北财经大学出版社发行

幅面尺寸：170mm×240mm　　字数：211千字　　印张：12.5

2016年12月第1版　　　　　　　　　　2018年1月第2次印刷

责任编辑：孙　平　　　　　　　　　　　责任校对：吴　奂

封面设计：冀贵收　　　　　　　　　　　版式设计：钟福建

定价：28.00元

总　　序

随着我国产业结构转型升级和现代产业体系的建立，社会迫切需要大批高素质的应用型人才。应用型人才能够将专业知识和技能应用于所从事的专业社会实践，熟练掌握社会生产或社会活动一线的基础知识和基本技能。应用型人才培养的特点是以就业为导向，适应技术进步和生产方式变革以及社会公共服务的需要，专业设置与产业需求对接，坚持校企合作、工学结合，强调教学、学习、实训相融合。与学术型、工程型人才培养不同，应用型人才培养需要加大实习、实训在教学中的比重，创新顶岗实习形式，强化以育人为目标的实习、实训。

由于毕业生实践训练的缺失，不少用人单位认为我国高校培养的经济管理类毕业生存在适应能力不强、专业技能缺乏、创业与创新能力不足、可持续发展的潜质不如工科毕业生等缺陷，这一现实难题长期困扰着从事经济管理类本科教学的工作者，必须得到有效破解。

淮海工学院商学院受工程类专业"卓越计划"的启发，创新性地提出了经济管理类专业"柔性卓越计划"。"柔性卓越计划"是指在经济管理类人才培养过程中，借鉴、实施教育部推行的"卓越工程师教育培养计划"，针对经济管理类专业学生人数多、行业背景不明显的特点，形成适合经济管理类专业人才的培养模式，打造"卓越管理工程师""卓越会计师""卓越理财师""卓越营销师""卓越物流师""卓越国际商务师""卓越金融分析师"等。"柔性卓越计划"课堂教学主要引进"1+1"教学模式，即高校师资和企业方师资进行合作教学。每个专业确立8～10门卓越课程，采取校企双方师资联合授课形式，其中高校教师负责讲授理论与方法，企业师资负责讲授如何应用。同时，在实践教学方面，"柔性卓越计划"构建系统化的实践教学体系，加强省级、国家级实践教学平台建设，加强大学生创新与创业载体建设等。由此，我们采取校企联合制订人才培养方案、联合培养"双师型"师资、联合教授部分专业课、联合建立实践教学基地、联合指导学生教学实践活动、联合打造学生的第二课堂、联合建立学生就业基地等具体措施。

作为强化学生专业实践应用能力的"柔性卓越计划"的一部分，我们在培养方案中要求经济管理类各专业学生必须经过经管类综合实训的集中强化训练，每个学生必须选择本专业以外的其他实训课程进行学习并通过考核。作为实训课程建设的一个组成部分，我们与相关企业合作，出版了这套实训教材，由在企业一线工作的专家担任部分教材的副主编，一些教材的案例、数据直接采用企业的真实业务数据。本套教材共7本，包括《国际贸易综合实训教程》《证券投资综合实训教程》《市场营销综合实训教程》《工商管理综合实训教程》《财务管理综合实训教程》《物流管理综合实训教程》《基础会计学实训教程》。

由于我们水平有限，书中错误恐难避免，恳请各位读者不吝赐教，以便修订再版时更正，使我们的实训教材能够更好地为经济管理类各专业实践教学活动提供服务。

经管类应用型本科人才培养实训系列教材编写委员会
2016年10月

前　言

随着中国经济的迅速发展，居民财富迅速积累，资产收入成为中国居民收入的一个重要组成部分。证券投资、外汇期货投资、债券和基金投资是当前中国居民最熟悉的投资品种和投资方式，也是金融学专业需要重点掌握的知识工具。在金融学专业教学过程中，证券投资实训和期货、外汇实训是两块最重要的内容，我们主要从当前广泛使用的同花顺看盘软件和大智慧模拟操作软件出发，编写出适应金融类专业学生使用的，能够指导证券投资实训和期货、外汇实训的教材。同时，对于一般投资者快速掌握股票、期货、外汇、债券和基金等投资工具投资操作的基本知识以及看盘软件的使用，尽快上手进行投资理财，也是比较理想的工具指导书。

本教材主要分为股票投资篇和期货、外汇及其他投资篇两部分内容。股票投资篇主要包括证券投资基础、证券行情分析与盘面识读、证券投资基本分析和证券投资技术分析四章内容；外汇、期货及其他投资篇主要包括期货投资分析、外汇投资分析和债券与基金投资分析三章内容。每一章包括一项或几项实训项目，每一项实训项目主要从实训目的与要求、实训指南、实训案例和实训报告四个方面进行实训安排，目的在于将股票等投资工具的投资过程通过实训项目进行强化，通过实训指南、案例指导、实训报告的填写使实训者掌握投资过程中的核心知识点。

本教材第一章由周青编写；第二、三章由黄萍编写；第四、七章由韩曙平编写；第五、六章由刘强编写。

编　者
2016年10月

目　录

第一篇　股票投资

第一章　证券投资基础 2

第一节　证券市场概述 2

第二节　证券行情软件的下载和使用 13

第三节　证券交易软件的下载和使用 20

第二章　证券行情分析与盘面识读 28

第一节　股价指数的盘面识读 28

第二节　个股的盘面识读 39

第三节　行情排名分析 46

第三章　证券投资基本分析 49

第一节　宏观经济分析 49

实训项目一　宏观经济运行对股票市场的影响分析 49

实训项目二　宏观经济政策对股票市场的影响分析 54

第二节　行业和板块分析 59

第三节　公司分析 68

实训项目一　公司基本面分析 68

实训项目二　公司财务分析 73

第四章　证券投资技术分析 80

第一节　K线理论分析 80

第二节　切线理论分析 92

第三节　形态理论分析 100

第四节　技术指标分析 112

实训项目一   均线理论分析 ·············· 112

实训项目二   相对强弱指数 ·············· 118

实训项目三   威廉指标分析 ·············· 122

实训项目四   随机指数 ·············· 125

第二篇   期货、外汇及其他投资

第五章   期货投资分析 ·············· 130

第一节   期货投资基础知识 ·············· 130

第二节   期货价格影响因素分析 ·············· 138

第三节   期货套期保值 ·············· 143

第四节   期货投机与套利 ·············· 150

第六章   外汇投资分析 ·············· 157

第一节   外汇交易概述 ·············· 157

第二节   外汇实盘交易 ·············· 167

第三节   外汇保证金交易 ·············· 171

第七章   债券与基金投资分析 ·············· 176

第一节   债券投资 ·············· 176

第二节   基金投资 ·············· 184

主要参考文献 ·············· 192

第一篇
股票投资

第一章

证券投资基础

一、实训目的与要求

本实训的目的是使实训者对证券投资有一个全面的了解，掌握投资品种类型。通过本实训，要求了解证券投资品种及种类、数量信息；熟悉证券交易品种的代码的基本信息，了解证券代码的基本规律；能够识别查询各类证券的代码，熟记若干证券的代码和简称。

二、实训指南

证券投资，是指个人或者法人对有价证券的购买行为，这种行为会使投资者在证券持有期内获得与其所承担的风险相称的收益。有价证券，简称证券，是具有一定票面金额、代表财产所有权或债权，并借以取得一定收入的一种证书。证券投资的对象又可以称为证券投资工具，主要包括股票、债券、基金、期货与外汇等。

（一）证券投资工具介绍

1.股票

最常见、最具有代表性的证券是股票。

股票的定义：

股票是股份公司发给股东以证明其投资份额并对公司拥有相应的财产所有权的证书。

股份有限公司的全部资本被分成许多等值的单位，叫作股份。它是股份公司资本的基本单位和股东法律地位的计量单位，占有一个单位，就称占有一股份，每一股份代表对公司净资产占有一定的份额。

股票的分类：

（1）按照股东的权益范围可以将股票划分为普通股票和优先股票。

普通股票是股票中最普遍的一种形式，是股份公司最重要的股份，是构成公司资本的基础。其持有人享有多项自益权和共益权。其权利主要包括：

①公司经营决策与参与权。

普通股票股东有权参加股东大会，在股东大会上可以就公司的财务报表和经营状况进行审议，对公司的投资计划和经营决策有发言权、建议权，有权选举董事和监事，对公司的财务预决算方案、利润分配方案、增资减资决议、合并、解散及修改公司章程等具有广泛的表决权。

②盈余分配权。

普通股票股东可以从公司的利润中得到股息。普通股票的股息收益是不确定的，股息的多少取决于公司盈利的多少及其分配政策。一般来说，公司经营好，盈利多，股息就高；反之，股息就低。股息又可以分为现金股息、股票股息、财产股息、负债股息和建业股息。

③剩余资产分配权。

当公司破产或清算时，若公司的资产在偿付债权人和优先股票股东的求偿权后还有剩余，普通股票股东有按比例取得剩余资产的权利。

④优先认股权。

公司现有股东有权保持对公司所有权的持有比例，如果公司需要再筹集资金而增发普通股股票，现有股东有按低于市价的某一特定价格及其持股比例购买一定数量的新发行的股票，以维持其在公司的权益。

优先股票与普通股票相对应，是公司在筹集资本时给予股东某些优惠特权的股票。它有些权利是优先的，有些权利又受到限制。它可以优先领取固定股息，在公司解散或破产时，优先按票面金额清偿，但是它无权参与经营决策、无权分享公司利润增长的收益。

（2）按照股份流通是否受限分为有限售条件股和无限售条件股。

（3）按照上市地点和投资者不同可以分为A股、B股、H股、N股和S股。

A股的正式名称是人民币普通股票。它是由我国境内的公司发行，供境内机构、组织或个人（不含台、港、澳投资者）以人民币认购和交易的普通股票。

B股的正式名称是人民币特种股票，为境内上市外资股，是指股份有限公司向境外投资者募集并在我国境内上市的股份。2001年2月以后，境内居民也可从事B股投资。

H股、N股、S股属于境外上市外资股，是指股份有限公司向境外投资者发行并在境外上市的股份。它采取记名的形式，以人民币标明面值，以外币认购。H股为注册地在境内、上市地在中国香港的外资股，香港的英文名称为HongKong，取首字母H，称之为H股。以此类推，N股为在纽约上市的股票，S股为在新加坡上市的股票。

2.债券

债券的定义：

债券是依照法定程序发行，约定在一定期限内还本付息的有价证券。债券的性质是债权凭证，反映了筹资者和投资者之间的债权债务关系，是有价证券的重要组成部分。

债券的分类：

债券按照发行主体可以分为国家债券、地方政府债券、金融债券和公司债券；按照计息方式可以分为定息债券、零息债券、息票累积债券、贴现债券、浮动利率债券和累进利率债券；按照募集方式可以分为公募债券和私募债券；按照偿还期限可以分为短期债券、中期债券和长期债券。

3.证券投资基金（简称基金）

基金的定义：

基金是一种利益共享、风险共担的集合证券投资方式，即通过发行基金份额集中投资者的资金，形成独立财产，由基金托管人托管，由基金管理人管理和运作，以组合投资方式进行证券投资，所得收益按照出资比例由投资者分享的投资工具。

基金的分类：

基金按照组织形式分，可以分为公司型投资基金、契约型投资基金。公司型投资基金又可分为封闭式和开放式两种。以公司形式组建的封闭式投资基金，又称为不可赎回股份的投资公司、定额投资公司、投资信托公司。这类投资公司在组建时一次发行普通股票，一旦达到预定的发行计划就封闭起来，不再追加发行。在以后需要扩大投资时，可以发行债券或优先股票，也可向银行贷款。以公司形式组建的开放式投资基金，又称为可赎回股份的投资公司、共同基金或互助基金。这类投资公司的股份是可以追加发行的、不封闭的，因此，通常只发行普通股票，不发行优先股票和公司债，一般也不向银行贷款。

契约型投资基金，又称单位信托型基金，是根据一定的信托契约原理，由基金发起人和基金管理人、基金托管人订立契约而组建的投资基金。契约型投资基金又可以分为单位型和基金型两种，前者类似于封闭式基金，后者类似于开放式基金。

按照基金的运作方式可以将基金分为封闭式基金和开放式基金两种。按照基金的投资目标可以将基金分为成长型基金、平衡型基金和收入型基金。按照投资对象可以把基金分成股票基金、债券基金、混合基金、货币市场基金、贵金属基金、房地产基金、期货基金、期权基金和认股权证基金等。按照募集方式可以将基金分为公募基金和私募基金。交易所交易基金（ETF），又称交易型开放式指数基金，是一种在证券交易所上市交易的代表某一股价指数或股票组合的开放式基金。上市开放式基金（LOF）是上市型开放式证券投资基金，是指可以在交易所上市交易的开放式基金，同时拥有在证券交易所内交易和场外申购、赎回两种交易方式。

4.期货

期货的定义：

期货是由期货交易所统一制定的、规定在将来某一特定的时间和地点交割一定数量和质量标的物的标准化合约。

期货的分类：

基于标的物的不同，期货可以分为商品期货和金融期货。商品期货又分为工业品（可细分为金属商品（贵金属与非贵金属商品）、能源商品）、农产品、其他商品等期货。金融期货主要是传统的金融商品（工具）如股指、利率、汇率等期货。各类期货交易包括期权交易等。

5.外汇

外汇的定义：

狭义的外汇是指以外国货币表示的、为各国普遍接受的，可用于国际债权债务结算的各种支付手段。

外汇的种类：

世界上的主要货币有美元、日元、欧元、英镑、澳大利亚元、加拿大元、瑞士法郎、港币等。现在，人民币也进入世界主要货币行列。

（二）证券代码规则和简称

投资者熟悉证券代码排列规则及简称，有助于快速、准确地进行证券查询和操作。

1.沪市证券代码排列规则

2009年8月10日发布的《上海证券交易所证券代码分配规则》规定，上证所证券代码采用六位阿拉伯数字编码，取值范围为000000~999999。六位代码的前三位为证券种类标识区，其中第一位为证券产品标识，第二位至第三位为证券业务标识，六位代码的后三位为顺序编码区，如图1-1所示。

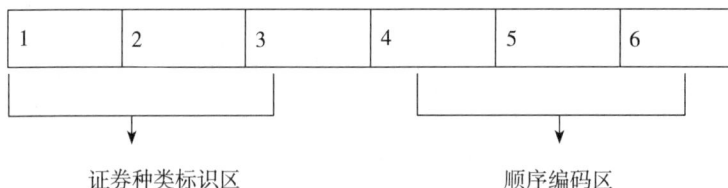

图 1-1 六位代码

首位代码定义见表1-1。

表1-1 证券产品代码分配规则

首位代码	产品定义
0	国债／指数
1	债券
2	回购
3	期货
4	备用
5	基金／权证
6	A股
7	非交易业务（发行、权益分配）
8	备用
9	B股

第2、3位业务代码分配规则见表1-2。

表1-2 证券业务代码分配规则

第1位	第2~3位	业务定义
0	00	上证指数、沪深300指数、中证指数
	09	国债（2000年前发行）
	10	国债（2000—2009年发行）
	19	固定收益电子平台交易国债
	20	记账式贴现国债
	90	新国债质押式回购质押券出入库（对应010***国债）
	99	新国债质押式回购质押券出入库（对应009***国债）

续表

第1位	第2～3位	业务定义
1	00	可转债（对应600***），其中1009**用于转债回售
	04	公司债及国家发改委等核准发行的、登记在证券账户的债券（对应122***）出入库，104000～104499用于质押式回购标准券出入库
	05	105000～105899用于分离债（对应126***）出入库，105900～105999用于企业债（对应120***、129***）出入库
	06	地方政府债出入库（对应130***）
	07	记账式贴现国债出入库（对应020***）
	10	可转债（对应600***）
	12	可转债（对应600***）
	13	可转债（对应601***）
	20	企业债
	21	资产证券化
	22	122000～122499用于公司债，122500～122999用于国家发改委等核准发行的、登记在证券账户的债券
	26	分离交易的可转换公司债
	28	可交换公司债
	29	企业债
	30	地方政府债
	81	可转债转股（对应600***），已不再增用
	90	可转债转股（对应600***）
	91	可转债转股（对应601***）
	92	可交换公司债转股（对应128***）
2	01	国债回购（席位托管方式）
	02	企业债回购
	03	国债买断式回购
	04	债券质押回购（账户托管方式）
	05	债券质押式报价回购

续表

第1位	第2~3位	业务定义
3	10	国债期货（暂停交易）
5	00	契约型封闭式基金
	10	交易型开放式指数证券投资基金
	19	开放式基金申赎
	21	开放式基金认购
	22	开放式基金跨市场转托管
	23	开放式基金分红
	24	开放式基金转换
	80	权证（含股改权证、公司权证）
	82	权证行权
6	00	A股证券
	01	A股证券
	03	A股证券
7	00	配股（对应600***）
	02	职工股配股（对应600***）
	04	持股配债
	05	基金扩募
	06	要约收购
	30	申购、增发（对应600***）
	31	持股增发（对应600***）
	33	可转债申购（对应600***）
	35	基金申购
	38	网上投票（对应600***）
	40	申购款或增发款（对应600***）
	41	申购或增发配号（对应600***）

续表

第1位	第2～3位	业务定义
7	43	可转债发债款（对应600***）
	44	可转债配号（对应600***）
	45	基金申购款
	46	基金申购配号
	51	751000～751199用于国债分销，751900～751969用于地方政府债（对应130***）分销，751970～751999用于公司债及国家发改委等核准发行的、登记在证券账户的债券（对应122***）分销
	60	配股（对应601***）
	62	职工股配股（对应601***）
	80	申购、增发（对应601***）
	81	持股增发（对应601***）
	83	可转债申购（对应601***）
	88	网络投票（对应601***）
	90	申购款或增发款（对应601***）
	91	申购或增发配号（对应601***）
	93	可转债申购款（对应601***）
	94	可转债配号（对应601***）
	99	指定交易（含指定交易、撤销指定、回购指定撤销、A股密码服务等）
9	00	B股证券
	38	网上投票（B股）
	39	B股网络投票密码服务（现仅用939988）

2.深市证券代码排列规则

深圳证券交易代码也是六位，分配规则见表1-3。

表1-3   深圳证券业务代码分配规则

第1位	第2位	业务定义
0	0	A股证券
	3	A股认购或认沽权证
	7	A股增发
	8	A股配股权证
1	0	国债现货
	1	债券
	2	可转换债券
	3	债券回购
	5	开放式基金
	6	开放式基金
	8	证券投资基金
2	0	B股证券
	8	B股配股权证
3	0	创业板证券
	6	网络投票证券
	7	创业板增发
	8	创业板配股权证
	9	综合或成分指数/成交量统计指标

3.代码前面的字母含义

证券简称前标XR，表示该股已除权，购买这样的股票后将不再享有分红的权利；

证券简称前标DR，表示除权除息，购买这样的股票不再享有送股派息的权利；

证券简称前标XD，表示股票除息，购买这样的股票后将不再享有派息的权利。

证券简称前标ST，这是对连续两个会计年度都出现亏损的公司施行的特别处理。ST即为亏损股。

证券简称前标*ST，是连续三年亏损，有退市风险的意思，购买这样的股票要有比较好的基本面分析能力。

证券简称前标 N，是指新股上市首日，即英文 New 的意思。

证券简称前标 S*ST，指公司经营连续三年亏损，进行退市预警和还没有完成股改。

证券简称前标 SST，指公司经营连续两年亏损进行的特别处理和还没有完成股改。

证券简称前标 G，表示恢复股权分置改革方案施行前的简称。

证券简称前标 S，还没有进行或完成股改的股票。"S"类公司完成股改后，其简称将摘去"S"标记。

证券简称前标 NST，经过重组或股改重新恢复上市的 ST 股。

4.证券简称

证券简称是为方便记忆设计的简略名称，不超过 8 个字符，股票简称大多是公司全称的缩略称呼，如"中国工商银行股份有限公司"简称"工商银行"，一般能够表明公司经营范围、市场属性等信息。

记下证券简称，在查看该证券行情时，可以直接输入证券简称的首字母，按 Enter 键，调出该证券的行情。

三、实训案例

（一）我国上市证券种类信息收集

（1）进入上海证券交易所网站（如图 1-2 所示）。

图 1-2　上海证券交易所网站

（2）收集上海证券交易所的上市证券品种。

（3）进入深圳证券交易所网站。

（4）收集深圳证券交易所的上市证券品种。

（二）我国上市证券数量信息收集

（1）收集5个财经网站，进入某财经网站。

（2）收集上海/深圳证券交易所的上市A股股票数量信息。

（3）收集上海/深圳证券交易所的上市国债数量信息。

（4）收集上海/深圳证券交易所的开放式基金数量信息。

（三）证券代码识别、查询和熟记

（1）进入上海和深圳证券交易所网站。

（2）查询各类证券代码。

（3）识别给定证券的上市地点、代码和品种。

（4）熟记自己感兴趣的10只股票的代码，并记录下来。

（5）查询5个证券信息的网站。

四、实训报告

（一）我国上市证券种类信息收集

（1）进入上海证券交易所网站。网址：＿＿＿＿＿＿＿＿＿＿＿；
上交所的上市品种主要有：＿＿＿＿＿＿＿＿＿＿＿。

（2）进入深圳证券交易所网站。网址：＿＿＿＿＿＿＿＿＿＿＿；
深交所的上市品种主要有：＿＿＿＿＿＿＿＿＿＿＿。

（二）我国上市证券数量信息收集

（1）截至＿＿＿＿＿＿，上海证券交易所的上市A股股票数量有＿＿＿＿＿只；
上市国债数量有＿＿＿＿＿只；上市封闭式基金有＿＿＿＿＿只。

（2）截至＿＿＿＿＿＿，深圳证券交易所的上市A股股票数量有＿＿＿＿＿只；
上市国债数量有＿＿＿＿＿只；上市封闭式基金有＿＿＿＿＿只。

（3）截至＿＿＿＿＿＿，香港证券交易所的上市股票数量有＿＿＿＿＿只；上市
国债数量有＿＿＿＿＿只；上市封闭式基金有＿＿＿＿＿只。

（三）证券代码识别、查询和熟记

（1）写出几个常用的证券信息的网站网址，并描述该网站的特色。

（2）默写5个证券的代码及简称：＿＿＿＿＿＿＿＿＿＿＿＿＿＿＿＿；
＿＿＿＿＿＿＿＿＿＿＿＿＿＿＿＿；＿＿＿＿＿＿＿＿＿＿＿＿＿＿＿＿；
＿＿＿＿＿＿＿＿＿＿＿＿＿＿＿＿；＿＿＿＿＿＿＿＿＿＿＿＿＿＿＿＿。

第二节　证券行情软件的下载和使用

一、实训目的与要求

本实训的目的是使实训者掌握行情软件的使用。通过本实训，要求掌握两种以上证券行情软件的下载和安装方法；掌握证券行情软件的基本界面元素，熟练使用快捷键，并通过看盘软件快速获得准确的信息。

二、实训指南

虽然可以通过各大网站进行行情操作，但更快捷的方式是在电脑上下载和安装证券行情软件。目前各家证券公司以及一些专业软件公司都有自己的证券行情软件，各种软件的基本功能和基本操作大同小异，当然各种软件都有自己的独特之处，因此，比较理想的是配备两套软件：一套从自己开户证券公司网站下载和安装；另一套选择比较适合自己看盘的行情分析软件。本书以"同花顺"软件为例，来说明软件的安装和使用。

（一）软件下载、安装

软件下载网址：http://www.0033.com。点击"软件下载"，下载"同花顺免费版"并且安装，如图1-3所示。

（二）终端界面介绍

打开软件，"同花顺"界面如图1-4所示，由菜单栏、标题栏、工具栏、功能树、主窗口、指数条、左右信息栏和应用中心等组成。

【菜单栏】位于终端界面左上方，包括系统、报价、分析、扩展行情、委托、智能、工具、资讯、帮助等多个栏目（如图1-5所示）。终端的基本操作方法、功能都收罗其中，方便用户快捷使用。

【工具栏】位于菜单栏和标题栏之下、主窗口之上的位置，点击右键可选择隐藏，包含学习园地、修正键、买入卖出、模拟炒股等功能（如图1-6所示），方便用户看盘使用。

图 1-3 下载"同花顺免费版"

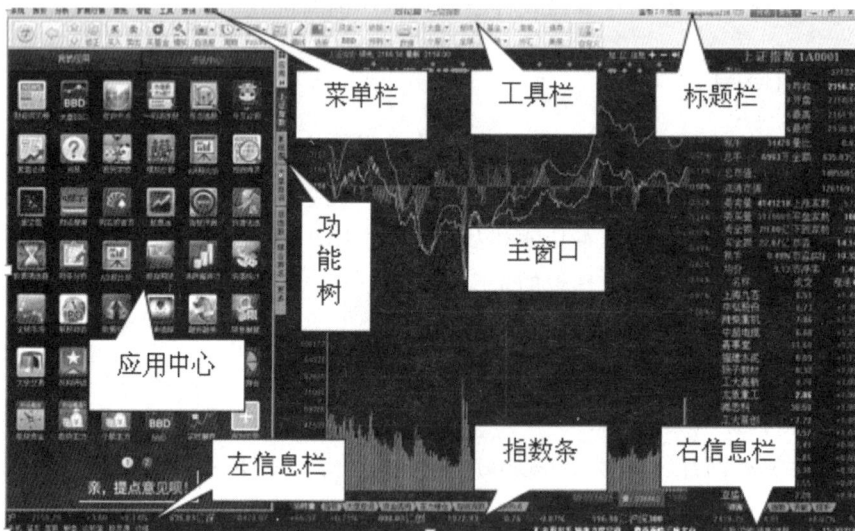

图 1-4 "同花顺"界面

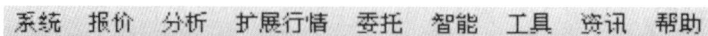

图 1-5 菜单栏

图 1-6 工具栏

【标题栏】位于终端界面右上方，菜单栏右侧，显示当前页面名称、金币数量、金币充值、用户名，并提供资讯、委托等功能（如图 1-7 所示）。

图 1-7 标题栏

【功能树】在画面的左侧，包括应用、分时图、K线图、个股资料、自选股、综合排名以及更多等快捷标签。其中点击更多会有子菜单出现，包括上证指数、深证指数、成交明细、价量分布和财务图示年报等。

【主窗口】系统默认显示的行情窗口，主要由分时图、K线图、表格行情列表、组合页面等组成。

【指数条】默认显示上证指数、深证成指、创业板指数以及自定义行情指数，包括涨跌和成交金额（如图1-8所示）。其中创业板指数可以点击右键切换成沪深300或者是中小板指数；而自定义指数则可以通过点击右侧的扳手图标进行指数的调整。

图 1-8 指数条

【左信息栏】显示连接信息，包含解盘、论股堂、股灵通以及留言、客服等功能（如图1-9所示）。

图 1-9 左信息栏

【右信息栏】为一搜索框，可在此输入代码查询个股，方便用户进行个股查询（如图1-10所示）。

图 1-10 右信息栏

（三）主要快捷键使用说明

快捷键又叫热键，在利用行情分析软件时，使用快捷键可以非常方便地获得自己需要的信息。我们以"同花顺"软件为例介绍各种快捷键的功能，见表1-4至表1-9。

表 1-4　　　　　　　　　　　　常用快捷键

热键	功能、含义	热键	功能、含义
F3（03）	上证大盘	Ctrl+4	四股分时/K线同列
F4（04）	深证大盘	Ctrl+9	九股分时/K线同列
F10（10）	看公司资讯	Ctrl+6	十六股分时/K线同列
F5（05）	切换分时、K线	Ctrl+F6	大字报价

续表

热键	功能、含义	热键	功能、含义
F6（06）	看自选股	Ctrl+F8	多周期图
F12	委托下单	Ctrl+F11	财务图示
Insert	加入自选股	Ctrl+F	公式管理器
Delete	删除自选股	Ctrl+H	查看港股关联代码
Enter	切换类型（列表、分时、K线）	Ctrl+L	两股对比
Esc	返回上一画面	Ctrl+R	查看所属板块
F1	成交明细	Ctrl+T	分笔走势
F2	价量分布	Ctrl+Z	缩放右侧单元表
F7	个股全景	.+1	卖一价买入
F8	分析周期	.+2	卖二价买入
F9	牛叉诊股	.−1	买一价卖出
F11	基本资料	.−2	买二价卖出

表1-5　　　　　　　　　　**行情报价快捷键**

热键	功能、含义	热键	功能、含义
00+Enter	沪深领先指数	80+Enter	沪深A股综合排名
03+Enter（F3）	上证领先	81+Enter	上海A股综合排名
04+Enter（F4）	深证领先	82+Enter	上海B股综合排名
1+Enter	上海A股行情报价	83+Enter	深圳A股综合排名
2+Enter	上海B股行情报价	84+Enter	深圳B股综合排名
3+Enter	深圳A股行情报价	802+Enter	中小板综合排名
4+Enter	深圳B股行情报价	803+Enter	创业板综合排名
5+Enter	上海债券行情报价	06+Enter（F6）	自选报价
6+Enter	深圳债券行情报价	006+Enter	自选同列
7+Enter	上海基金行情报价	51~58+Enter	自定义板块51~58报价
8+Enter	深圳基金行情报价	Ctrl+F6	大字报价
9+Enter	香港证券行情报价	90+Enter	多窗看盘

续表

热键	功能、含义	热键	功能、含义
002+Enter	中小板行情报价	91+Enter	主力大单
300+Enter	创业板行情报价	92+Enter	阶段统计
60+Enter	沪深 A 股涨幅排名	93+Enter	强弱分析
61+Enter	上海 A 股涨幅排名	94+Enter	板块分析
62+Enter	上海 B 股涨幅排名	95+Enter	指标排行
63+Enter	深圳 A 股涨幅排名	41+Enter	股本结构
64+Enter	深圳 B 股涨幅排名	42+Enter	财务数据
602+Enter	中小板涨幅排名	43+Enter	财务指标
603+Enter	创业板涨幅排名	44+Enter	基金周报
71+Enter	上证新闻	45+Enter	股东变化
72+Enter	深证新闻	666+Enter	沪深指数报价
73+Enter	券商信息	700+Enter	期货行情报价
KFSJJ	开放式基金	800+Enter	外汇行情报价
LOF	LOF 基金	888+Enter	股指期货报价
ETF	ETF50 分析	999+Enter	重要指数

表 1-6　　　　　　　　　　　　　　　**K 线页面快捷键**

热键	功能、含义	热键	功能、含义
Enter	[K 线页面]切换键	33+Enter	15 分钟 K 线
Ctrl+Enter	历史分时（在 K 线窗口）	34+Enter	30 分钟 K 线
左键双击	历史分时（在 K 线窗口）	35+Enter	60 分钟 K 线
05+Enter（F5）	分时走势	36+Enter	日 K 线
01+Enter（F1）	历史成交	37+Enter	周 K 线
07+Enter（F7）	个股全景	38+Enter	月 K 线
08+Enter（F8）	切换分析周期	39+Enter	季 K 线
10+Enter（F10）	公司资讯	310+Enter	年 K 线
11+Enter（F11）	基本资料	SPACE	鼠标位置信息地雷内容

续表

热键	功能、含义	热键	功能、含义
Ctrl+Q	向前复权	↓	缩小 K 线
Ctrl+B	向后复权	↑	放大 K 线
Alt+1	一图组合	Ctrl+→	光标快速右移 10 个周期
Alt+2	二图组合	Ctrl+←	光标快速左移 10 个周期
Alt+3	三图组合	Ctrl+Alt+→	光标快速右移 30 个周期
Alt+4	四图组合	Ctrl+PageUP	向上翻页时向主站重新请求数据
Alt+5	五图组合	Ctrl+PageDown	向下翻页时向主站重新请求数据
Alt+6	六图组合	Home、End	定位光标到分时窗口最左、最右
Alt+9	九图组合	+、−	切换右侧功能标签
31+Enter	1 分钟 K 线	*、/	切换右侧功能标签上一层标签
32+Enter	5 分钟 K 线	右键选择区域	区间统计（与 K 线放大）

表 1-7 分时页面快捷键

热键	功能、含义	热键	功能、含义
Enter（双击）	技术分析	Space	鼠标当前位置信息地雷内容
05+Enter（F5）	技术分析	↓	增加连续多日分时
01+Enter（F1）	成交明细	↑	减少连续多日分时
02+Enter（F2）	价量分布	Home、End	定位光标到分时窗口最左、最右
07+Enter（F7）	个股全景	+、−	切换右侧功能标签
10+Enter（F10）	公司资讯	*、/	切换右侧功能标签上一层标签
11+Enter（F11）	基本资料	右键选择区域	区间统计（与 K 线放大）

表 1-8 列表页面快捷键

热键	功能、含义	热键	功能、含义
Enter（双击）	[列表页面]切换键	01+Enter（F1）	成交明细
Ctrl+4	四股分时同列	02+Enter（F2）	价量分布
Ctrl+9	九股分时同列	07+Enter（F7）	个股全景
Ctrl+6	十六股分时同列	10+Enter（F10）	公司资讯
→	向右移动列	11+Enter（F11）	基本资料
←	向左移动列		

表1-9 其他快捷键

热键	功能、含义	热键	功能、含义
Esc	返回上一画面	Ctrl+N	新建
Backspace	返回上一画面	Ctrl+S	保存页面
Insert	加入自选股	Ctrl+W	全屏显示
Delete	从自选股中删除	空格键	调出信息地雷内容
Ctrl+A	自动翻页	Scroll Lock	锁定主图光标时间轴
Ctrl+G	股灵通	Alt+Z	快速隐藏（默认）
Ctrl+X（HX）	画线	Shift+F1	这是什么？（跟随帮助）
Ctrl+K	查看快捷键列表	Alt+F4	退出程序
Ctrl+M	输出到图片	Tab	显示/隐藏K线页均线

三、实训案例

（一）认识看盘软件

安装软件并注册账号，熟悉整个看盘软件界面。

（二）熟悉快捷键，并记忆其功能

案例：投资者希望了解上证大盘走势、深市A股涨幅排名、沪市涨幅第一的股票走势图及其基本资料，该如何做？

答案：点击"F3"键或者点击"03+Enter"键，调出"上证领先指标图"，然后点击"F5"键，查看日线图。

点击"63+Enter"键就可以调出"深市涨幅排名"画面。

先点击"61+Enter"键调出"沪市A股涨幅排名"画面，再点击"Enter"键，调出沪市涨幅第一的股票走势图，点击"F5"键切换成日线图，再点击"F10"键调出该股票基本资料。

四、实训报告

（1）下载并安装软件。将安装完毕界面截图，贴到下面空白处。

（2）从主菜单栏找到上证A股一览表，次序为_____（学生学号）的股票简称是_____，代码是_____。如果没有，则默认学生学号为600000。

（3）快捷键的作用是什么？在看盘中，你最常用的快捷键是哪个？它给你带来了哪些方便？

（4）上证综合指数是什么意思？用哪个快捷键可以迅速看到上证综合指数？

第三节　证券交易软件的下载和使用

一、实训目的与要求

本实训的目的是使实训者掌握交易软件的使用。通过本实训，要求掌握模拟交易软件的登录、注册，学会如何修改密码、转入转出资金，并且掌握下单方法。

二、实训指南

本书采用的交易软件是大智慧在线金融模拟交易系统，主要用于实际买卖证券的操作。

实训者登录系统后，需要进行用户注册，并修改密码及资料。查询初始配备的资金，并进行模拟证券买卖的操作。

三、实训案例

（一）登录

在浏览器中输入模拟交易系统用户前台地址，会出现如图 1-11 所示界面（各个用户的域名地址不同）。

图 1-11　登录界面

用户输入用户名、密码、验证码（不用区分大小写）并选择活动。如果没有加入过任何活动则将进入选择院系、班级页面，以便激活在该活动下的账户信息。点击登录进入 e-cube 版模拟交易系统，根据网络情况不同，会有些许等待时间；也可以点击简版登录进入简版模拟交易系统，简版模拟交易系统针对网络环境不佳的用户，屏蔽了 e-cube 看盘器，仅载入下单板，即时行情数据在用户请求交易时才会载入和显示，大幅降低了系统网络带宽要求。

（二）用户注册

点开"用户注册"界面，将用户名、姓名、密码、学号、手机号码、电子邮件等信息按照要求填入，进行注册（如图 1-12 所示）。

用户填写注册信息时，如填写不规范，则会出现提示信息。必需项全部符合规范后点击注册生效。用户注册成功后，系统会提示进入活动、院系、班级的选择页面。

（三）忘记密码

如忘记密码，可以在寻回密码菜单中填入用户名和注册邮箱，与用户名匹配的密码就会被发送到注册邮箱中去（如图 1-13 所示）。

图1-12　用户注册

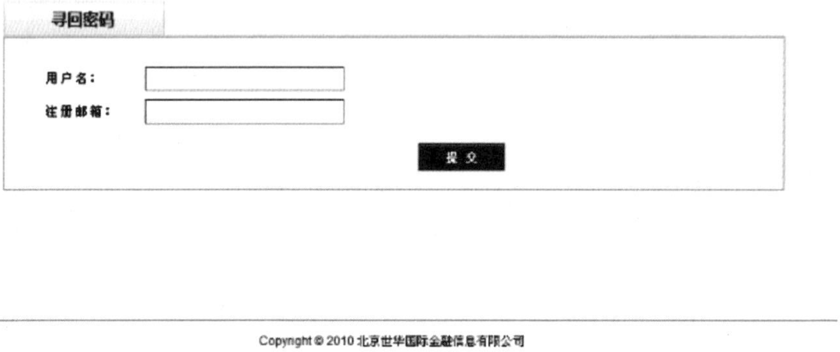

Copyright © 2010 北京世华国际金融信息有限公司

图1-13　寻回密码

（四）登录后总览

登录e-cube版模拟交易系统市场总览页面可以看到各个市场的行情及相关资讯（如图1-14所示）。

这里需要说明的是，如果未订购某市场模拟交易，则行情和资讯可以查看，但不能对该市场进行下单操作。简版模拟交易登录后如图1-15所示。

（五）资料修改

登录e-cube版模拟交易后，点击右上角的"修改资料"可以修改除用户名外的其他信息项（如图1-16所示）。

（六）模拟交易下单

进入商品交易分时图后可以通过下单按钮或者买卖按钮进入下单界面（如图1-17和图1-18所示）。

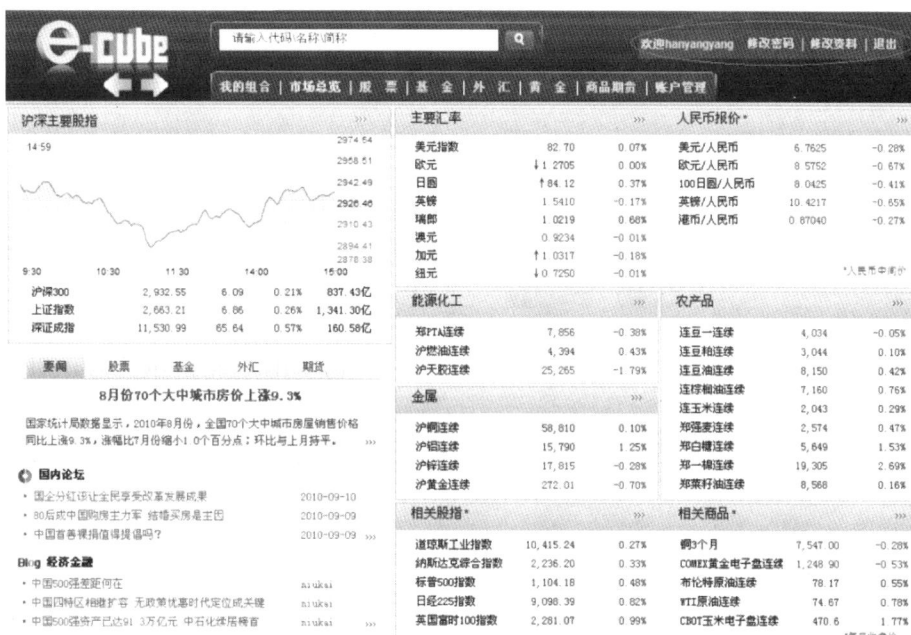

图 1-14　市场总览页面

图 1-15　简版模拟交易

图 1-16　资料修改

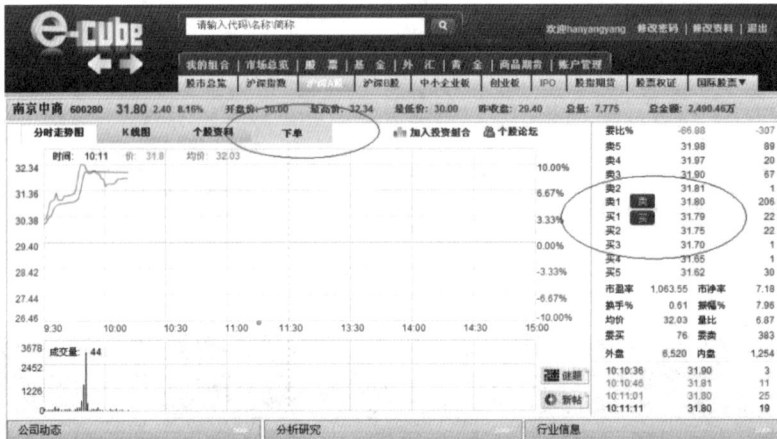

图 1-17　商品交易分时图

图 1-18　下单界面

输入委托价格、委托数量，点击下单进入下单确认页面。当选择买卖方向后，系统会在自动委托价格栏中填入当前市价，也可以根据需要填入委托价格（如图1-19所示）。

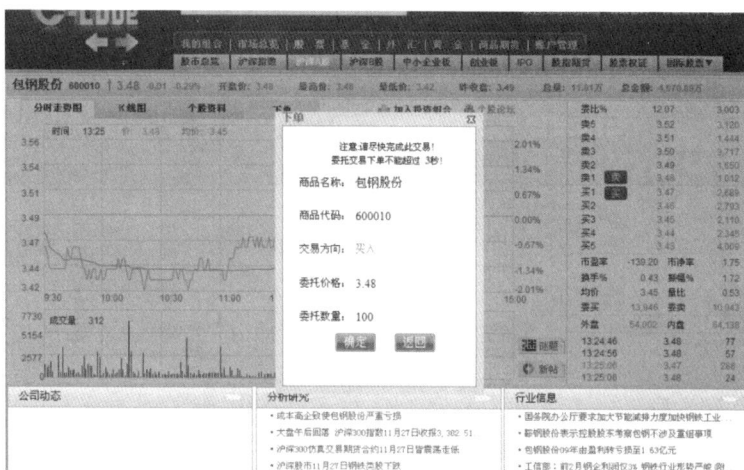

图1-19 下单确认页面

下单确认页面会列出该笔下单信息，需在倒计时的7秒钟内完成确认工作，否则该笔下单视为无效。只有在交易时间才能进行下单操作，在非交易时间下单将会出现错误提示。

在简版模拟交易中，可以实现模拟交易系统中所有的下单、账户管理等功能，可以通过点击不同的市场按钮切换市场。下单时输入或选择交易品种即可显示当前即时行情，交易方式与e-cube版模拟交易系统相同（如图1-20所示）。

图1-20 简版模拟交易功能

（七）账户管理

账户管理页面显示该活动下市场及各市场的用户资金情况，点击各个市场，可查看到该市场的成交明细、委托明细、资金明细等信息，并提供历史查询功能（如图1-21所示）。

图1-21　账户管理页面

四、实训报告

（1）在软件中注册成功，修改资料，并将密码改成自己的独立密码，将登录后总览页面截图贴到下面空白处。

（2）中国股票交易时间是什么时候？在交易时间购买5手"浦发银行"、10手"黄金ETF"，以及其他两只自己喜欢的股票各10手，并将购买结果截图贴到下面空白处。

（3）隔天卖掉全部"浦发银行"，并将持仓结果截图贴到下面空白处。

第二章
证券行情分析与盘面识读

第一节　股价指数的盘面识读

一、实训目的与要求

本实训目的是使实训者能识读有关股价指数的盘面信息。通过本实训，要求熟悉市场上的重要指数，并通过股票价格指数的分时走势图和K线图的盘面识读，掌握基本的盘面知识。

二、实训指南

（一）了解股票价格指数和计算方法

1.股票价格指数

股票价格指数，简称股价指数，是指由金融机构编制的、通过对股票市场上一些有代表性的公司发行的股票交易价格进行平均计算和动态对比后得出的数值，能从总体上来衡量股市价格水平和涨跌情况，是对股市动态的综合反映，被公认为股票市场行情的"晴雨表"。

按照股市涵盖股票数量和类别的不同，可以把指数分为综合指数、成分指数和分类指数三类。（1）综合指数：是指在计算股价指数时将某个交易所上市的所有股票市价都计算在内的指数，如纽约证交所综合指数、我国的上证综合指数等。（2）成分指数：是指在计算股价指数时仅仅选择部分具有代表性的股票市价作为标的计算出来的指数。目前世界上大多数的指数都是成分指数，如道·琼斯指数、标准普尔500指数、伦敦金融时报100指数、上证180指数等。（3）分类指数：是指选择具有某些相同特征（如同行业）的股票作为目标股计算出来的指数，如工业股价指数、房地产股价指数、交通运输股价指数等。

2.股票价格指数计算

股票价格指数的计算主要有算术平均和加权平均两种方法。

（1）算数平均数法。

①将采样股票的价格相加后除以采样股票种类数，计算得出股票价格的平均数。公式如下：

股票价格算术平均数＝采样股票每股股票价格总和÷采样股票种类数

即：$\bar{P} = \dfrac{1}{n}\sum\limits_{i=1}^{n} P_i$

其中：$\bar{P}$——平均股价；P_i——采样股票收盘价；n——采样股票种类数。

②将计算出来的平均数与用相同方法得出的基期平均数相比后求百分比，得出当期的股票价格指数。公式如下：

股票价格指数＝当期股价算术平均数÷基期股价算术平均数×100

即：$I = \dfrac{P_1}{P_0} \times 100$

该方法的优点：计算简便。

缺点：①发生样本股送配股、拆股和更换时会使股价平均数失去真实性、连续性和时间数列上的可比性；②在计算时没有考虑权数，即忽略了发行量或成交量不同的股票对股票市场有不同影响这一重要因素。

（2）加权平均数法。

以当期采样股票每股价格乘以基期交易量或报告期的交易量或发行量的总和作为分子，以基期采样股票每股价格乘以基期交易量或报告期的交易量或发行量的总和作为分母，所得百分比即为当期股票价格指数。公式如下：

股票价格指数 $= \dfrac{\sum 当期每种采样股票价格 \times 已发行数量}{\sum 基期每种采样股票价格 \times 已发行数量} \times 100$

根据权数不同，可分为基期加权指数和报告期加权指数。

①以基期的交易量为权数：

$$I = \dfrac{\sum\limits_{i=1}^{n} P_{1i}Q_{0i}}{\sum\limits_{i=1}^{n} P_{0i}Q_{0i}} \times 100$$

②以报告期的交易量或发行量为权数：

$$I = \dfrac{\sum\limits_{i=1}^{n} P_{1i}Q_{1i}}{\sum\limits_{i=1}^{n} P_{0i}Q_{1i}} \times 100$$

（二）熟悉市场上重要的指数

1.我国主要的股票价格指数

（1）上证综合指数和新上证综合指数。

①上证综合指数。

上证综合指数简称"上证综指"，是最早发布的指数，其样本股是上海证券交易所挂牌上市的全部股票，以发行量为权数的加权综合股价指数，反映了上海证券交易所上市股票价格的变动情况。这一指数自1991年7月15日开始实时发布，基期定为1990年12月19日，基期指数定为100点。

②新上证综合指数。

新上证综合指数简称"新综指"，指数代码为000017。"新综指"当前由沪市所有G股组成。G股是指股权分置改革试点股票。新上证综合指数以2005年12月30日为基期，基点为1 000点。此后，实施股权分置改革的股票在方案实施后的第二个交易日纳入指数。指数以总股本加权计算，于2006年1月4日发布。

（2）深证综合指数。

深证综合指数是深圳证券交易所从1991年4月3日开始编制并公开发表的一种股价指数，该指数规定1991年4月3日为基期，基期指数为100点。综合指数以所有在深圳证券交易所上市的所有股票为计算范围，以发行量为权数的加权综合股价指数，其基本计算公式为：即日综合指数=（即日指数股总市值/基日指数股总市值×基日期指数）。

（3）沪深300指数。

沪深300指数是沪深证券交易所于2005年4月8日联合发布的反映A股市场整体走势的指数。沪深300指数是以2004年12月31日为基期，基点为1 000点，其计算是以调整股本为权重，采用派许加权综合价格指数公式进行计算。沪深300指数编制的目标是反映中国证券市场股票价格变动的概貌和运行状况，并能够作为投资业绩的评价标准，为指数化投资和指数衍生产品创新提供基础条件。

该指数的主要特点有：①严格的样本选择标准，定位于交易性成分指数；②采用自由流通量为权数；③采用分级靠档法确定成分股权重；④样本股稳定性高，调整设置缓冲区；⑤指数行业分布状况基本与市场行业分布状况一致。

（4）上证成分指数和深证成分指数。

①上证成分指数。

上证180指数，又称上证成分股指数，是上海证券交易所对原上证30指数进行了调整并更名而成的，其样本股是在所有A股股票中抽取的最具市场代表性的180种样本股票，入选的个股均是一些规模大、流动性好、行业代表性强的股票，自 2002 年 7 月 1 日起正式发布。作为上证指数系列核心的上证 180 指数编制的目的在于建立一个反映上海证券市场的概貌和运行状况、具有可操作性和投资性、能够作为投资评价尺度及金融衍生产品基础的基准指数。

②深证成分指数。

深证成分指数是深圳证券交易所编制的一种成分股指数，是从上市的所有股票中抽取具有市场代表性的 40 家上市公司的股票作为计算对象，并以流通股为权数计算得出的加权股价指数，综合反映深交所上市 A、B 股的股价走势。深证成分股指数以 1994 年 7 月 20 日为基期，基期指数为 1 000 点，起始计算日为 1995 年 1 月 25 日。

（5）恒生指数。

恒生指数是香港股市价格的重要指标，由香港恒生银行全资附属的恒生指数服务有限公司编制，是以香港股票市场中的 33 家上市公司的股票为成分股样本，以其发行量为权数的加权平均股价指数，是反映香港股市趋势最有影响的一种股价指数。该指数于 1969 年 11 月 24 日首次公开发布，基期为 1964 年 7 月 31 日，基期指数定为 100 点。

（6）创业板指数。

创业板指数由深圳证券交易所授权并委托深圳证券信息有限公司编制、维护和发布，反映创业板市场层次的运行情况。创业板指数从创业板股票中选取 100 只组成样本股，采用派氏加权法编制，就是以起始日为基准点，按照创业板所有股票的流通市值，一个一个计算当天的股价，再加权平均，与开板之日的"基准点"比较。

创业板指数的推出，标志着创业板平稳启动后进入新的发展时期，标志着多层次资本市场指数体系得以建立。首先，凸显创业板作为相对独立市场层次的运行特征，提升其影响力和服务能力；其次，全面、客观地反映创业板股票的总体价格变动和走势，为投资者提供权威的参照指标；最后，为指数挂钩产品的开发提供新标的，使投资者能更有效地投资于创业板市场，分享创业板上市公司成长果实。

2.国际主要的股票价格指数

（1）道·琼斯股票价格平均指数。

道·琼斯股票价格平均指数又称为道氏指数。它采用不加权算术平均法计算。道氏指数包括：道氏工业平均指数，由 30 家工业公司的股票价格平均数构成；道氏公用事业平均指数，由 15 家公用事业公司的股票价格平均数构成；道氏运输业平均指数，由 20 家运输公司的股票价格平均数构成；道氏 65

种股票价格平均数，由上述工业、运输业、公用事业的65家公司的股票价格混合构成。

道·琼斯股票价格平均指数以1928年10月1日为基期，在纽约证券交易所交易时间每30分钟公布一次，用当日当时的股票价格算术平均数与基期的比值求得，被世界金融界最有影响的《华尔街日报》详尽报道，为各股市的股票投资者所重视。

（2）标准普尔股票价格指数。

标准普尔股票价格指数由美国标准普尔公司于1923年开始编制发表，当时主要编制两种指数：一种是包括90种股票每日发布一次的指数；另一种是包括480种股票每月发布一次的指数。1957年扩展为现行的、以500种采样股票通过加权平均综合计算得出的指数，在开市时间每半小时公布一次。

标准普尔股票价格指数包括的500种普通股票总价值很大，其成分股有90%在纽约证券交易所上市，其中也包括一些在别的交易所和店头市场交易的股票，所以它的代表性比道·琼斯股票价格平均指数要广泛得多，故更能真实地反映股票市价变动的实际情况。

（3）全国证券交易商协会自动报价指数（NASDAQ指数）。

纳斯达克（NASDAQ）是美国全国证券交易商协会于1968年着手创建的自动报价系统美国的纳斯达克指数。该指数在2000年曾经升到5 000多点，由于股市高科技泡沫的破灭，导致该指数下降到1 300多点，股票的市值随着泡沫的破裂而蒸发。世界的高科技股票能不能回升，那些信息技术产业的网络公司能不能回升，人们一定要看这个指数。当这个指数回升时，说明世界的高科技企业、网络公司的效益好了，因为股价指数一般要先于经济三个月到半年时间作出反应。

（4）伦敦金融时报100指数。

伦敦金融时报100指数，简称富时100指数、FTSE 100指数。FTSE 100指数由世界级的指数计算金融机构FTSE（富时指数有限公司）编制，以1984年1月3日为基期，并令基期指数为1 000点。编制时，富时100指数以伦敦证券交易所上市且市值最大的100家公司的股票为样本股，其成分股涵盖欧洲9个主要国家，以英国企业为主，其他国家包括德国、法国、意大利、芬兰、瑞士、瑞典、荷兰及西班牙。该指数是英国经济的晴雨表，也是欧洲最重要的股票指数之一。

（5）日经指数。

日经指数原称"日本经济新闻社道·琼斯股票平均价格指数"，是由日本经济新闻社编制公布的反映日本东京证券交易所股票价格变动的股票价格平均指数。日经指数按其计算对象的采样数目不同，现分为两种：一是日经225种平均股价指数，它是从1950年9月开始编制的；二是日经500种平均股价指数，它是从1982年1月开始编制的。

日经指数的采样股票分别来自制造业、建筑业、运输业、电力和煤气业、仓储业、水产业、矿业、不动产业、金融业及服务业等行业，覆盖面极广，而各行业中又是选择最有代表性的公司发行的股票作为样本股票。同时，不仅样本股票的代表公司和组成成分随着情况的变化而变化，而且样本股票的总量也在不断增加，已从225种扩增为500种。因此，该指数被看做日本最有影响和代表性的股价指数，能较全面地反映日本的股市行情变化和经济景气变动状况。

（三）指数分时走势图的盘面识读

1.上证指数的分时走势图

分时走势图也叫即时走势图，它是把股票市场的交易信息实时地用曲线在坐标图上加以显示的技术图形。坐标的横轴是开市的时间，纵轴的上半部分是指数，下半部分显示的是成交量。

上证指数的分时走势图是每分钟的指数连线，用来反映当天的指数走势，如图2-1所示。

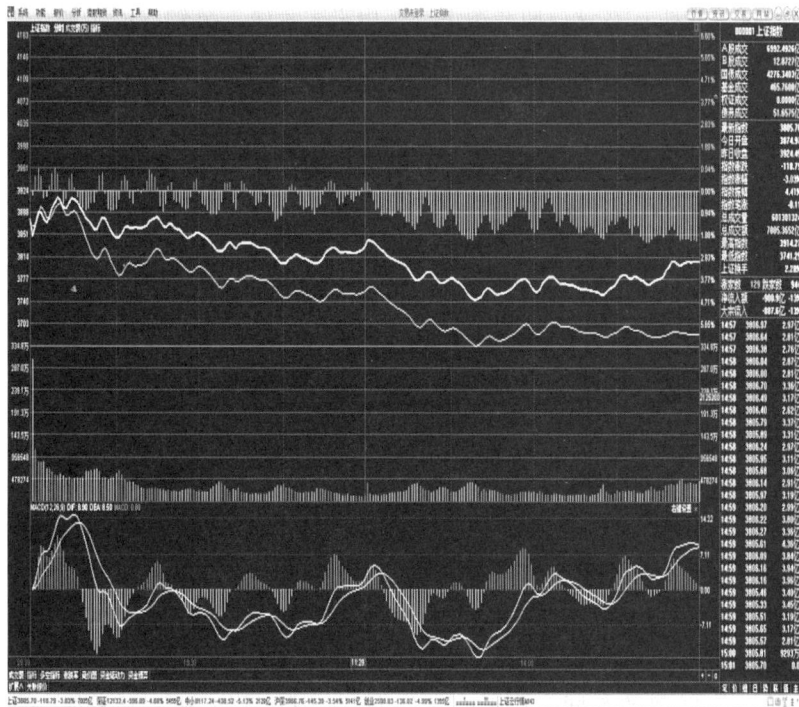

图2-1　2015年7月15日上证指数分时走势图

2.盘面识读

（1）白色曲线：表示大盘加权指数。因上证指数是以各上市公司的总股本加权计算出来的，故大盘股的价格较能左右上证指数的走势，如中石油、中石化等。

（2）黄色曲线：表示的是不加权的上证指数。它是不考虑股票盘子的大小，而将所有股票对指数影响看作相同而计算出来的大盘指数，所以价格变动较大的股票对黄线的影响要大一些。

当指数上涨，黄色曲线在白色曲线走势之上时，表示发行数量少的股票涨幅较大；而黄色曲线在白色曲线走势之下时，则表示发行数量多的股票涨幅较大。

当指数下跌时，假如黄色曲线仍然在白色曲线之上，表示小盘股的跌幅小于大盘股的跌幅；假如白色曲线反居黄色曲线之上，则说明小盘股的跌幅大于大盘股的跌幅。

（3）红绿柱线：在黄白两条曲线附近有红绿柱状线，是反映大盘即时所有股票的买盘与卖盘在数量上的比率。红柱线的增长缩短表示上涨买盘力量的增减；绿柱线的增长缩短表示下跌卖盘力量的强弱。

（4）黄色柱线：在黄白曲线图下方，用来表示每一分钟的成交量，单位是手（1手等于100股）。

（5）即时报价：在分时走势图的右方，其中最新指数表示当前的指数数值，还显示当前时点的指数涨跌幅、成交量等信息。

（6）上涨家数和下跌家数：如果上涨家数远远多于下跌家数，那么整个市场总体上应该是上涨的，假如这时指数反而下跌，说明指数可能由于个别大盘股下跌所导致，此时可配合指数来判断市场的情况。

（四）指数K线图的盘面识读

1.上证指数的K线图

上证指数K线图可以用来反映一段时间的指数走势。进入同花顺行情分析软件，在指数分时走势图状态下，点击F5功能键，可以将界面切换至上证指数的K线图。图2-2显示了2015年7月15日的上证指数日K线图。

上证指数的K线图中，上面部分是以交易时间为横坐标、价格为纵坐标将每日的K线连续绘出即成K线图；中间部分是用柱形表示的成交量，柱子越高表示交易量越大；下面部分是技术指标线。

根据计算周期的不同，K线可以分为日K线、周K线、月K线、年K线等。周K线、月K线常用于研判中期行情。周K线是指以周一的开盘价、周五

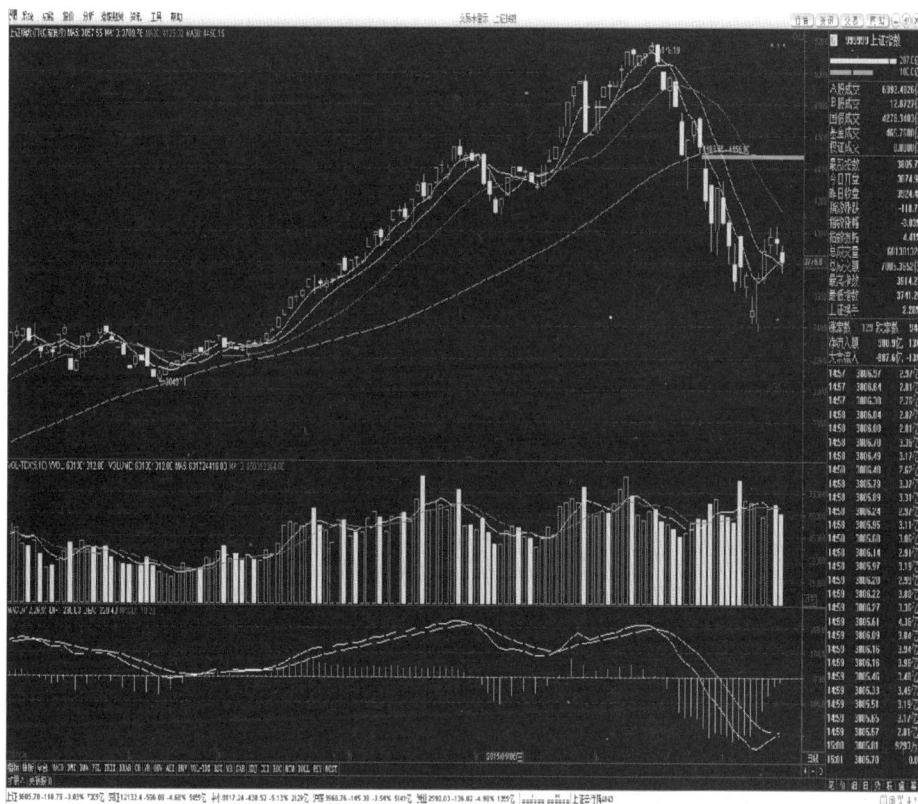

图2-2 2015年7月15日上证指数K线图

的收盘价、全周最高价和全周最低价来画的K线图;月K线则以一个月的第一
个交易日的开盘价、最后一个交易日的收盘价和全月最高价与全月最低价来画
的K线图。对于短线操作者来说,5分钟K线、15分钟K线、30分钟K线和60
分钟K线也具有重要的参考价值。

在上证指数K线图状态下,点击鼠标右键,出现对话框,在对话框中点击
"分析周期"选项,即可查看不同周期的K线图,如图2-3所示。

2.K线图的基本操作

(1)↑:可以将K线图放大。

(2)↓:可以将K线图缩小。

(3)←:可以将K线图向左移动。

(4)→:可以将K线图向右移动。

(5)十字光标移到某根K线+Enter:可以查看当天的分时图。

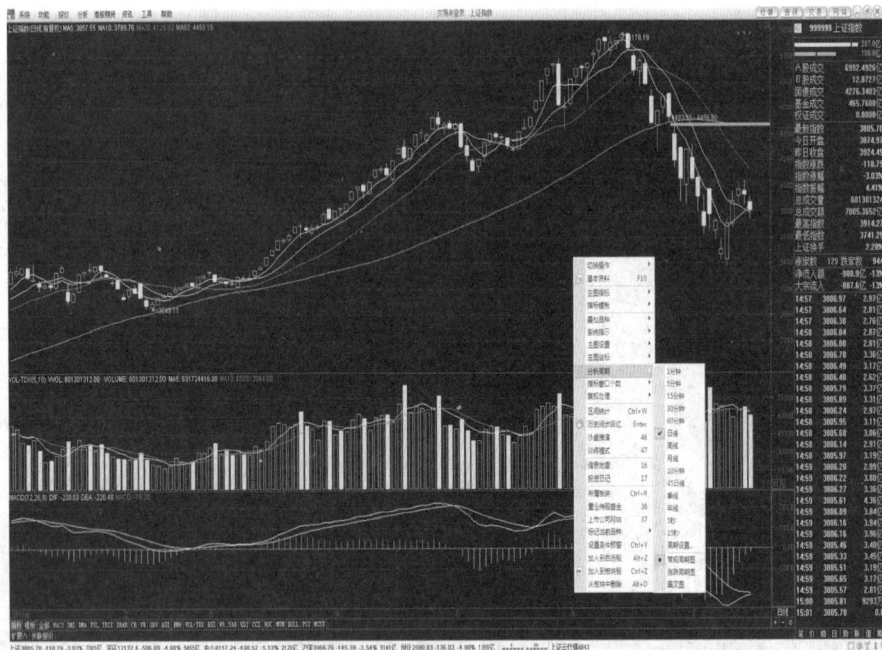

图2-3　不同周期上证指数K线图的操作示意图

三、实训案例

　　进入同花顺行情分析软件，输入上证综合指数代码000001，即可进入上证综合指数分时走势图。图2-4显示了2015年8月28日上证指数分时走势图。

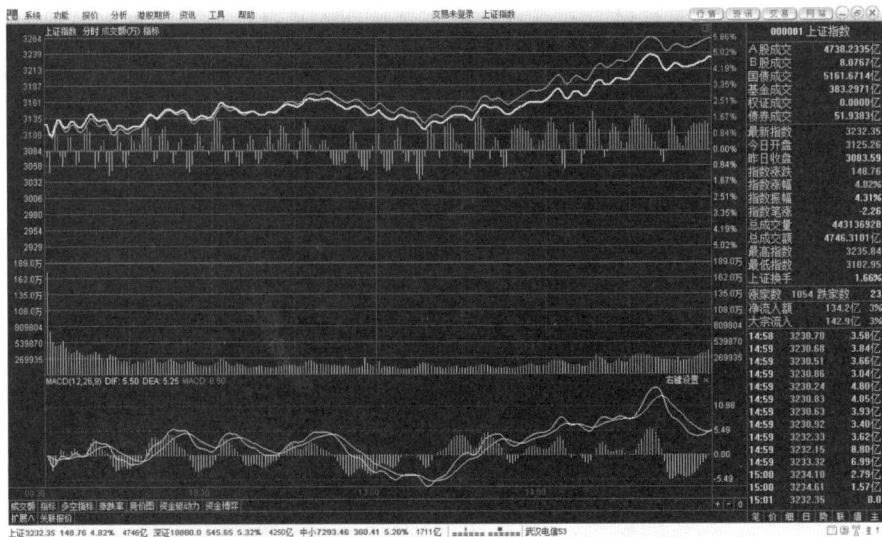

图2-4　2015年8月28日上证指数分时走势图

点击F5功能键，可以将界面切换至上证指数的K线图，如图2-5所示。

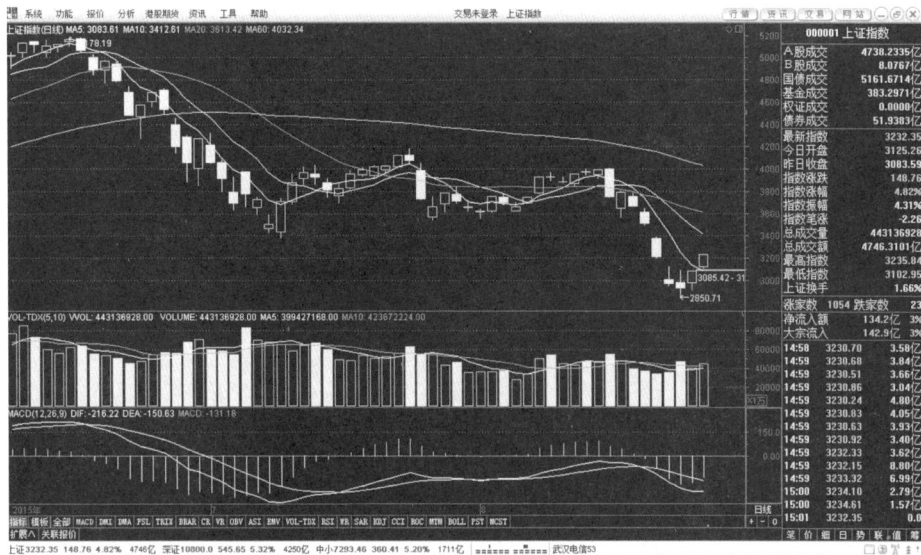

图2-5 2015年8月28日上证指数K线图

另外，在此界面下，可以点击鼠标右键，选择不同的分析周期，可查看不同周期的K线图。

四、实训报告

（一）股票指数走势分析

（1）了解上证综指、上证180指数、创业板指数、道·琼斯股价指数、伦敦金融时报100指数和香港恒生指数的编制方法和特点。

（2）选取上述指数中的上证综指、道·琼斯股价指数、香港恒生指数，分别研究这些指数的历史走势、造成指数若干高峰和低谷的原因及指数的最近走势。

（3）将上述三个指数的历史走势复制粘贴在下方，比较分析三个指数之间是否存在关系。

（二）指数的分时走势图分析

（1）进入同花顺行情分析软件，按 F3 或 03 进入上证指数，并将上证指数的分时走势图复制粘贴在下方。

（2）根据分时走势图中的黄白曲线的位置、红绿柱线、即时报价等信息简要说明当日的指数走势。

（3）根据大盘行情指标简单分析盘面情况。

①目前上证指数是_____点，比上一交易日收盘价_____（上涨、下跌）了_____点，涨跌幅度为_____。

②目前上海证券交易所上市公司中，股价上涨的上市公司家数

为_____家，股价下跌的上市公司家数为_____家，显示当前（上涨、下跌）的上市公司家数更多。

③当前上证指数委比为_____％，委买卖差为_____手，显示当前整个证券市场_____（买方、卖方）意愿更强。

（三）指数的K线图分析

（1）找出上证指数的日K线图，复制粘贴在下方，并圈出某日的日K线，说明该K线是阴线还是阳线。

（2）找出上证指数的5分钟K线图和月K线图，复制粘贴在下方，并分析上证指数短期和长期的走势特征，根据走势特征概括当前行情情况。

第二节 个股的盘面识读

一、实训目的与要求

本实训的目的是熟悉个股盘面。通过本实训，要求能看懂个股分时走势图，掌握分时图与K线图的关联性，能熟练运用个股盘面中的主要功能键。

二、实训指南

（一）熟悉个股分析的基本操作

1.调出分时走势图

（1）进入同花顺行情分析软件。

（2）在"分析"菜单中选中"分时图"。

（3）在"报价"菜单中选中"沪深股票"—"沪深A股"，则可显示如图2-6所示界面，选定股票双击。

图2-6 用"报价"功能查看分时走势图

（4）直接输入股票代码或拼音简称或股票名称拼音的首个字母，按"回车"键也可查看自选股的分时走势图。

2.快捷键盘功能（见表2-1）

表2-1   主要快捷键

键盘按键	功能
F1 或 01	切换到股票的成交明细表
F2 或 02	切换到股票的分价表
F3 或 03	切换到上证领先指标
F4 或 04	切换到深证领先指标
F5 或 05	个股分时图与K线图之间的切换
F10 或 10	切换到股票的基本面资料

（二）个股分时图分析

个股的分时走势图是每分钟的价格连线，用来反映当天的价格走势。图2-7显示了中国平安（601318）这只股票2015年7月15日这天的价格走势。

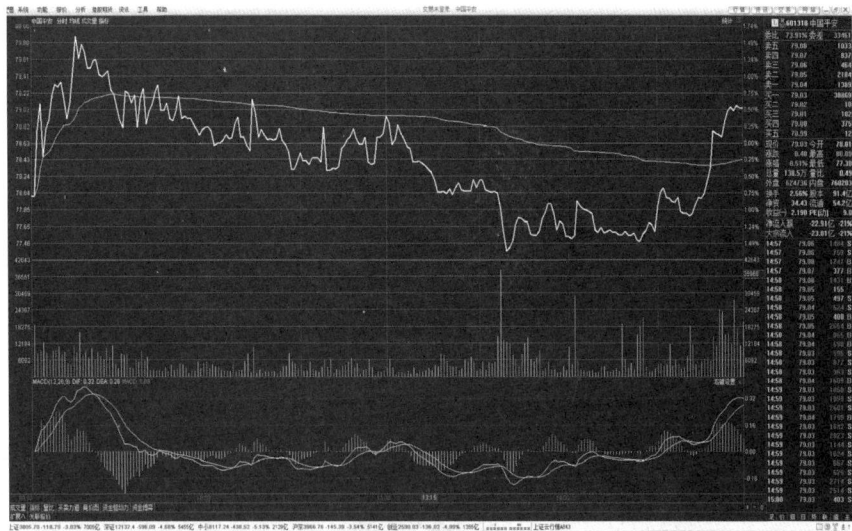

图2-7　中国平安（601318）2015年7月15日分时走势图

（1）白线：每分钟成交价格的连线。

（2）黄线：每分钟均价的连线。

（3）每一柱线：每分钟的成交量。

（4）委托盘显示：卖一至卖五是该股当前时刻委托卖出的最低/次低/第三低/第四低/第五低价格，其中卖一的出价最低，也是最易成交的一笔卖出委托。卖一至卖五旁边的数字为对应的委托手数。买一至买五是该股当前时刻委托买入的最高/次高/第三高/第四高/第五高价格，其中买一的出价最高，也是最易成交的一笔买入委托。买一至买五旁边的数字为对应的委托手数。

（5）盘中即时交易信息：包括目前的开盘价和收盘价、最高价和最低价、成交金额和成交均价、涨跌幅等。

（6）换手率：换手率=该股最近5日成交量的总和（股数）/普通股股份总数。换手率高反映主力大量吸货，今后拉高的可能性大。

将换手率与股价走势相结合，可以对未来股价做出一定的预测和判断：①某只股票的换手率突然上升，成交量放大，可能意味着有投资者在大量买进，股价可能会随之上扬。②某只股票持续上涨了一个时期后，换手率又迅速上升，则可能意味着一些获利者要套现，股价可能会下跌。

（7）量比：是评价当日累积成交量的指标。它反映按照目前的成交量估计的当天成交量与前5天的平均成交量的比值。

量比>1表示目前成交量比前5天成交量放大。

量比<1表示目前成交量比前5天成交量缩小。

（8）外盘和内盘：外盘是到最近一笔为止，当前所有靠近委卖价成交的手数总和。内盘是到最近一笔为止，当前所有靠近委买价成交的手数总和。

当外盘很大时，说明买方意愿更强，力量较大；当内盘很大时，说明卖方意愿更强，力量较大；当内盘和外盘大体相近时，则买卖力量相当。

（三）个股K线图分析

进入同花顺行情分析软件，在个股分时走势图状态下，点击F5功能键，可以将界面切换至个股K线图。图2-8显示了2015年7月10日中国平安（601318）日K线图。

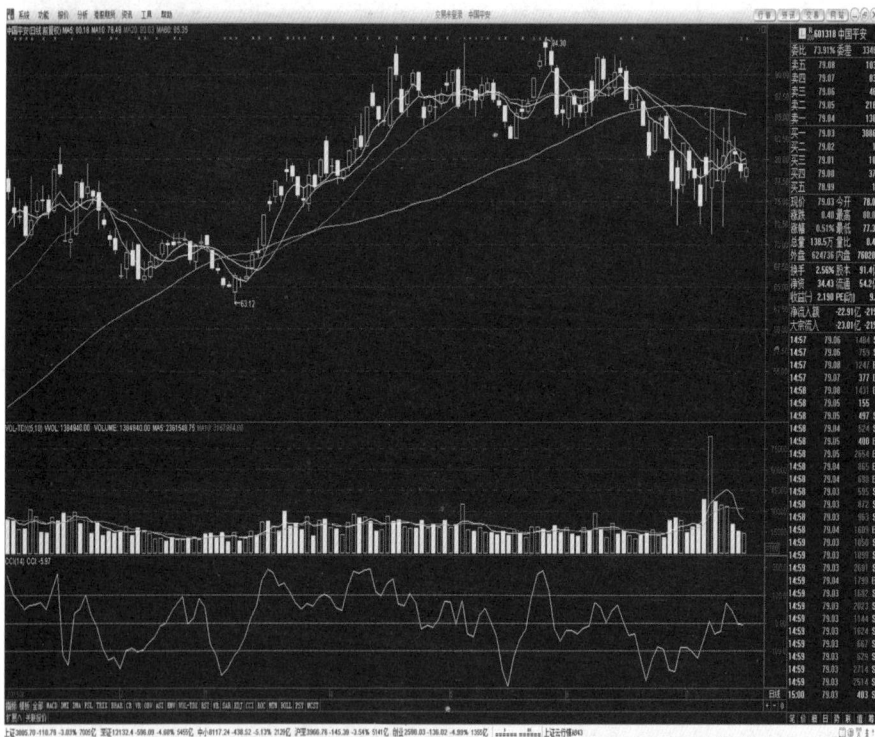

图2-8　中国平安（601318）2015年7月10日K线图

如图2-8所示，个股的K线图和大盘的K线图类似，主要图形界面有K线、均线、成交量、技术指标图形、即时成交显示等。个股的K线图是反映股票中长期走势的价格图形，而股票分时走势图是当天股票价格的走势反映，两者可用F5进行切换。我们可以利用K线图来判断股票未来的价格走势，主要利用技术指标分析、图形形态分析等。

（四）个股基本资料查询

利用软件的功能，按F10功能键可以查看个股的基本资料，包括公司概况、股本结构、财务状况、最新重大事件、高层治理等基本情况。图2-9显示的是中国平安（601318）的基本资料。

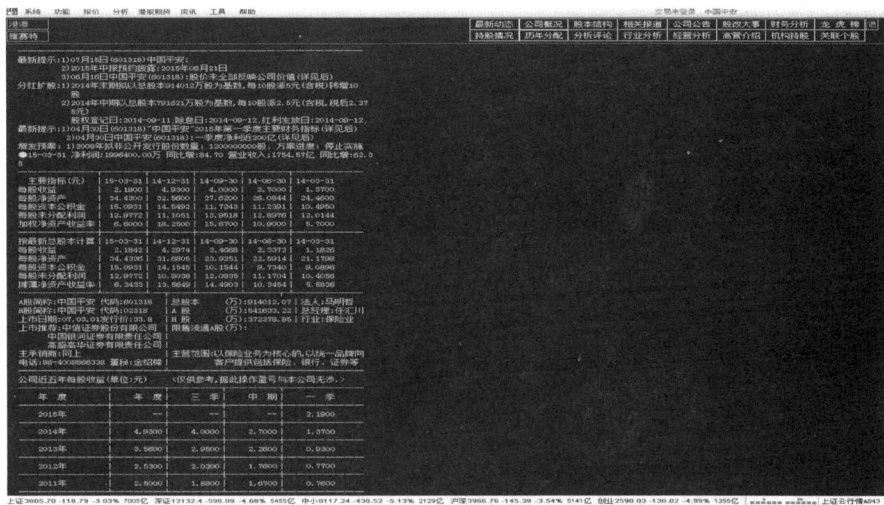

图2-9 中国平安（601318）基本资料

三、实训案例

以中国人寿（601628）为例说明本实训过程。首先，进入同花顺行情分析软件，输入股票代码601618，即可显示中国人寿（601628）的分时走势图，如图2-10所示。在此状态下，点击F5功能键，可以将界面切换至K线图，如图2-11所示。点击F10，即可查看中国人寿（601628）的基本资料，如图2-12所示。

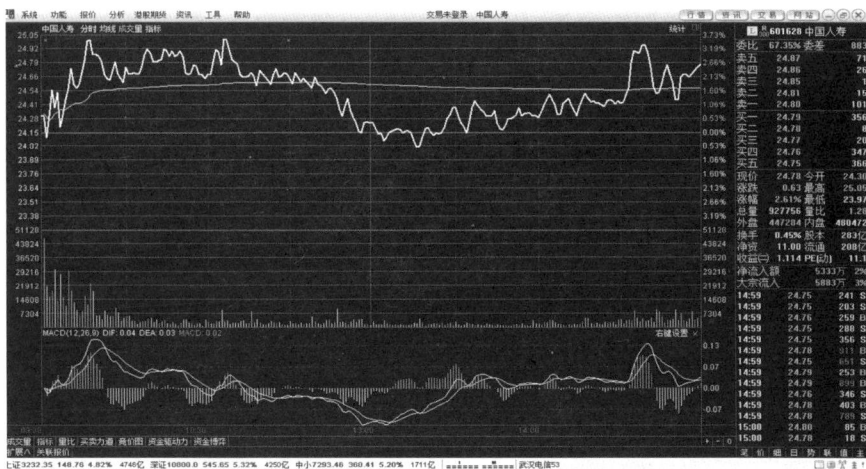

图2-10 中国人寿（601628）2015年8月28日分时走势图

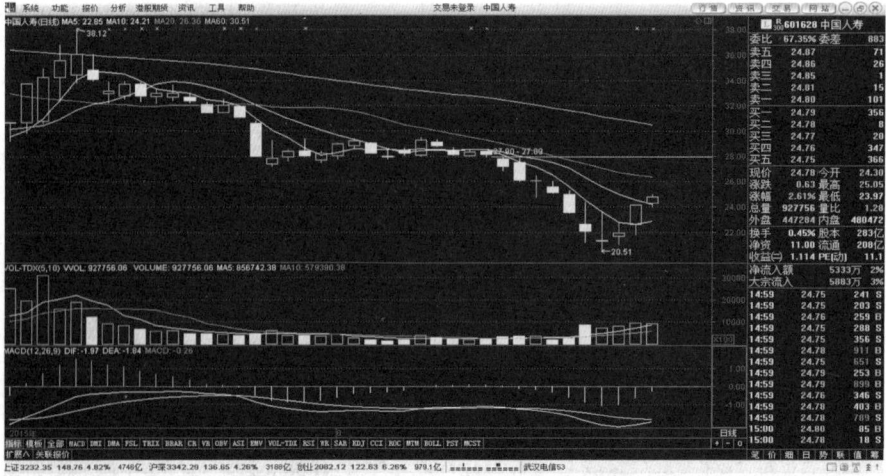

图2-11　中国人寿（601628）2015年8月28日日K线图

图2-12　中国人寿（601628）基本资料

四、实训报告

（一）个股分时走势图的识读

进入同花顺行情分析软件，以某只股票为例，将该股票的分时走势图复制粘贴在下方，并简要分析该股分时走势图中显示的主要指标。

（二）个股行情分析

（1）个股盘面基本信息的识读与分析。

①选择一只股票，该股票简称为_____，代码为_____。

②该股当前成交价为_____元，较昨日收盘价涨跌_____元，涨跌幅度为_____%。

③该股当前委比为_____%，未来价格_____（上涨、下跌）的概率大。

④该股当前量比为_____，说明今日成交量与前几日平均成交量相比_____（放大、缩小、不变）。

⑤该股当前市盈率为_____倍，该股投资风险较_____（大、小、一般）。

⑥该股当前外盘数量_____（大于、小于、等于）内盘数量，股价未来_____（上涨、下跌、不涨不跌）的概率高。

（2）按F5得到该股的K线图，在下方复制粘贴该股的K线图，并分析该股K线图的走势特征。

（3）熟练运用快捷键盘功能，查看该股的基本资料，列举重要信息。

第三节 行情排名分析

一、实训目的与要求

本实训的目的是掌握行情排名的操作。通过本实训，要求熟悉各项行情排名的基本操作，能够查看当日股市的涨跌幅排名、委比排名、量比排名情况，对行情有更深的了解和认识。

二、实训指南

（一）涨幅排名

涨幅排名即按股票的涨幅从高到低（或从低到高）排名。通过涨幅排名，可以知道哪些股票涨得多，哪些股票跌得多，从而对行情有更深的了解。

涨幅排名的基本查询方法如下：

61+Enter：沪市 A 股涨幅排名；

62+Enter：沪市 B 股涨幅排名；

63+Enter：深市 A 股涨幅排名；

64+Enter：深市 B 股涨幅排名；

67+Enter：沪深两市 A 股涨幅排名；

68+Enter：沪深两市 B 股涨幅排名；

69+Enter：中小企业板涨幅排名；

612+Enter：创业板涨幅排名；

615+Enter：板块指数涨幅排名；

617+Enter：港股通涨幅排名。

（二）综合排名

综合排名主要显示沪深 A 股股票当前行情的今日涨跌幅排名、今日振幅排名、5 分钟涨跌幅排名、今日委比排名和今日总金额排名。

通过今日涨跌幅排名，可以了解哪些股票有较好或较差的表现。

通过今日振幅排名，可以了解哪些股票的波动幅度较大，应引起关注。

通过 5 分钟涨跌幅排名，可以了解当前哪些股票有较大的波动，应引起注意。

通过今日委比排名，可以了解涨跌趋势。委比越大，说明买入委托量越大于卖出委托量，有利于股票的上涨；反之，则不利于上涨。

通过今日总金额排名，可以了解哪些股票的交易金额较大，这些股票往往是热门股票，可重点关注。

综合排名基本查询方法如下：

81+Enter：沪市 A 股综合排名；

82+Enter：沪市 B 股综合排名；

83+Enter：深市 A 股综合排名；

84+Enter：深市 B 股综合排名；

87+Enter：沪深两市 A 股综合排名；

88+Enter：沪深两市 B 股综合排名；

89+ Enter：中小企业板综合排名；

812+ Enter：创业板综合排名；

815+ Enter：板块指数板综合排名。

三、实训案例

（一）涨幅排名案例

进入同花顺行情分析软件，输入 67+Enter，可以看到沪深两市 A 股涨幅排名情况。图 2-13 显示了 2015 年 7 月 15 日沪深两市 A 股涨幅排名情况。

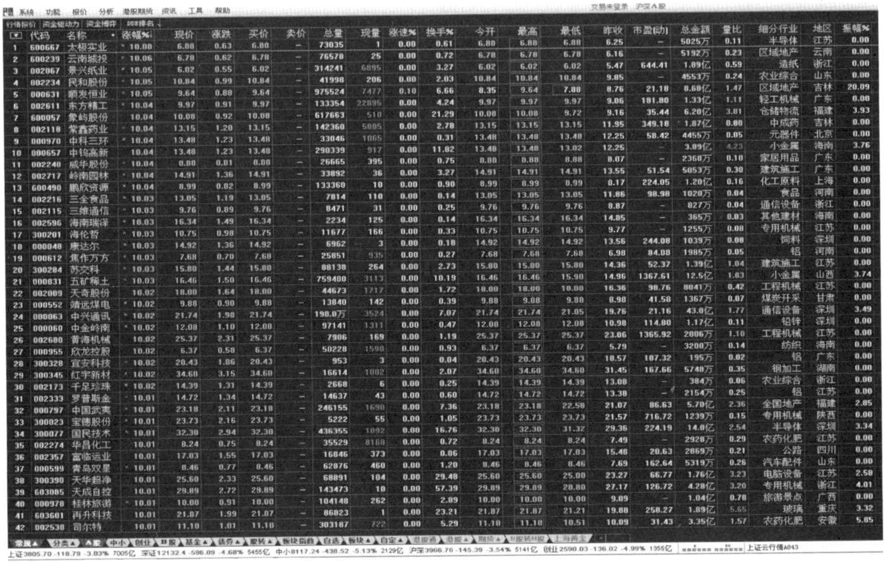

图 2-13 2015 年 7 月 15 日沪深两市 A 股涨幅排名

（二）综合排名案例

进入同花顺行情分析软件，输入 87+Enter，可以看到沪深两市 A 股综合排名情况。图2-14显示了2015年7月15日沪深两市A股综合排名情况。

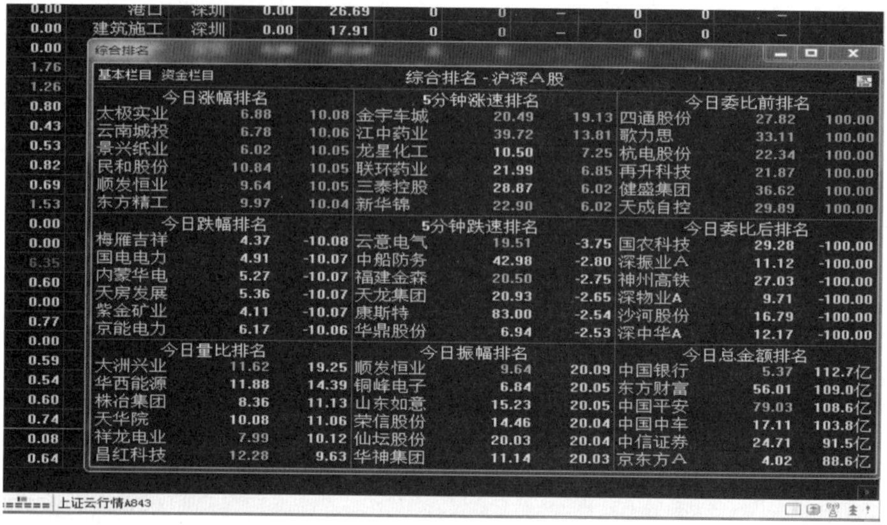

图2-14　2015年7月15日沪深两市A股综合排名

四、实训报告

（一）综合排名分析

分析当前市场的综合排名，简要说明当天行情的特点。

（二）涨幅排名分析

根据当前市场的5分钟涨跌幅排名，找出排名第一的个股，试分析该股短时间内快速拉升的原因。

第三章

证券投资基本分析

第一节　宏观经济分析

实训项目一　宏观经济运行对股票市场的影响分析

一、实训目的与要求

本实训的目的是使实训者能对当前宏观经济有正确的认识，并判断其对股市的影响。通过本实训，要求理解宏观经济运行基础指标的含义，并能够收集主要的宏观经济运行指标数据；能运用宏观经济指标对宏观经济当前的运行情况和发展趋势做出判断，并分析其对股市的影响。

二、实训指南

（一）宏观经济发展评价指标分析

1.宏观经济发展指标

（1）国内生产总值；

（2）失业率；

（3）采购经理人指数（PMI）；

（4）通货膨胀。

2.投资和消费指标

（1）固定资产投资；

（2）社会消费品零售总额。

3.金融指标

（1）货币供应量；

（2）金融机构各项存贷款余额；

（3）利率；

（4）汇率。

4.财政指标

（1）财政收入；

（2）财政支出。

（二）宏观经济运行对证券市场的影响

1.宏观经济运行对证券市场产生影响的途径

（1）企业经济效益；

（2）居民收入水平；

（3）投资者对股价的预期；

（4）资金成本。

2.宏观经济变动对证券市场的影响分析

（1）GDP变动。

GDP反映了在一定时间内（通常为一年）国民经济所生产的全部物品与劳务的价值总和。它是对整个国民经济的概括，是反映一国经济实力和经济发展程度的指标体系。要将GDP与经济形势结合起来分析。

①持续、稳定、高速的GDP增长。

在这种情况下，社会总需求与总供给协调增长，经济结构逐步合理，趋于平衡。伴随总体经济增长，上市公司利润上升，股息不断增长，投资风险越来越小，从而公司的股票和债券全面得到升值。同时，GDP持续增长，国民收入会不断提高，会有更多的资金流入证券市场，从而导致证券价格上涨。

②高通货膨胀下的GDP增长。

这是经济形势恶化的先兆。这时，企业经营将面临困境，居民实际收入将下降，所以，这种失衡的经济增长必将导致证券市场行情的恶化。

③宏观调控下的GDP减速增长。

GDP呈失衡的高速增长时，政府可能采取宏观调控措施，使GDP适度增长，这说明宏观调控有效，经济矛盾逐步缓解，证券市场将平稳上涨。

④转折性的GDP变动。

GDP由负增长转为正增长，或由低速增长转向高速增长，说明经济运行向良性方向发展，则证券市场走势也将上升。

（2）经济周期变动。

经济周而复始地沿着复苏、繁荣、衰退、萧条、再复苏的轨迹发展。从证券市场的情况来看，证券价格的变动大体上与经济周期相一致。一般来说，经济繁荣，证券价格上涨；经济衰退，证券价格下跌。通常证券市场走势要比经济周期提前，证券市场对宏观经济有预警作用。

（3）通货膨胀和通货紧缩。

通货膨胀是指一般物价水平持续、普遍、明显地上涨。

通货膨胀对经济的影响主要来自两个方面：一是财富和收入再分配效应。例如，通货膨胀是不利于靠固定的货币收入维持生活的人的，对于固定收入阶层来说，其收入是固定的，实际收入会因通货膨胀而减少，购买力下降。二是通货膨胀会扭曲相对价格，从而降低资源的配置效率。因此，各国政府会特别重视，采取措施将通货膨胀控制在一个合理的范围之内。

通货膨胀对股价的影响不是千篇一律的，有可能对不同个股产生完全相反的影响。具体分析时，必须从该时期通胀的原因、程度和政府的干预措施等分析入手。以下就一般性原则加以分析：

①温和的、稳定的通货膨胀对股价的影响较小。

②严重的通货膨胀是很危险的，经济将被严重扭曲，货币会很快贬值。

③政府往往不会长期容忍通货膨胀存在，必然进行宏观调控。

④通货膨胀不仅产生经济影响，还可能产生社会影响，并影响公众的心理和预期，从而对股价产生影响。

通货紧缩使物价和收入持续下降，将损害消费者和投资者的积极性，造成经济衰退和经济萧条。

三、实训案例

（一）分析GDP变动对我国股票市场走势的影响

（1）进入国家统计局网站和同花顺行情分析网站。

（2）搜集GDP和上证指数历年数据。

（3）分析我国GDP的发展趋势和当前的运行情况。

（4）绘制GDP与上证指数的相关图。

（5）计算GDP与上证指数的简单相关系数，说明二者的关系。

（6）分析GDP对我国股市的影响。

（二）分析CPI对我国股票市场走势的影响

（1）进入国家统计局网站，查找我国CPI的历年数据。

（2）绘制CPI的趋势图。

（3）通过CPI指标分析我国通货膨胀与通货紧缩的各个阶段。

（4）查找当前年份的CPI运行数据，分析当前的物价水平。

（5）分析CPI对我国股市的影响。

（三）分析其他宏观经济指标变动对我国股票市场走势的影响

（1）进入国家统计局网站，查找城镇登记失业率、全社会固定资产投资总额、社会消费品零售总额等相关指标，分析它们的发展趋势。

（2）选择其中一个指标分析当前的运行情况。

（3）结合上证指数的走势，分析该指标对我国股市的影响。

（四）对当前宏观经济形势进行总体判断

根据以上指标的运行情况，对当前宏观经济形势进行总体判断。

根据以上四个步骤，可以完成宏观经济运行对股票市场的影响分析，具体案例略。

四、实训报告

（一）GDP变动对我国股票市场走势的影响

（1）用表格列出2000年以来GDP指标的年度数据和上证综合指数（999999）的年末收盘价。

（2）根据上述GDP和上证综合指数的数据绘制二者的相关图（横轴为GDP，纵轴为上证综合指数），计算二者的简单相关系数。

（3）根据相关图判断GDP与上证指数之间的走势总体上是否一致，并分析GDP对股市的影响。

（二）CPI 对我国股票市场走势的影响

（1）用表格列出 2000 年以来 CPI 指标的年度数据和上证综合指数
（999999）的年末收盘价。

（2）根据上述数据绘制 CPI 的趋势图（横轴为时间，纵轴为 CPI），阐述我
国通货膨胀和通货紧缩的发展阶段。

（3）查找当前 CPI 的月度数据，说明当前经济运行的物价水平，分析 CPI
对股市的影响。

（三）分析其他宏观经济指标变动对我国股票市场走势的影响

（1）查找城镇登记失业率、全社会固定资产投资总额、社会消费品零售总
额等相关指标，分析它们的发展趋势。

（2）选择其中一个指标分析它对上证指数的影响。

（四）根据上述指标，判断和分析当前宏观经济的总体运行形势

实训项目二　宏观经济政策对股票市场的影响分析

一、实训目的与要求

本实训的目的是使实训者熟悉宏观经济政策的基本分析理论。通过本实训，要求能够收集货币政策和财政政策的相关信息，总结政府当前所采取的财政政策和货币政策，以及这些政策对股市的影响。

二、实训指南

（一）货币政策对证券市场的影响

货币政策及其变动会对经济活动产生重大影响。货币政策包括宽松的货币政策和从紧的货币政策。

1.宽松的货币政策

宽松的货币政策的主要手段是：增加货币供应量，降低利率，放松信贷控

制。一方面，中央银行通过降低利率，降低法定存款准备金率，降低再贴现率，在公开市场上大量买入证券，实行宽松的货币政策，促使社会货币供给量增加，提高银行的信贷能力，从而推动生产投资与消费的增长，刺激经济的发展，可以使证券价格上升。另一方面，货币供给量增加，可用于投资证券的资金相应增多，就会促使证券行市的上升；利率的降低，可以使企业或公司借款成本降低，利润相应增加，证券投资价值上升，市场价格也随之上涨。

2.从紧的货币政策

从紧的货币政策的主要手段是：减少货币供应量，提高利率，加强信贷控制。其效果正好与宽松的货币政策相反。中央银行通过提高法定存款准备金率，提高再贴现率，在公开市场上大量卖出证券，实行从紧的货币政策。货币供给量减少，用于购买证券的资金相应减少，价格自然趋降。高利率不利于证券投资，因为：利率高时，投资者会选择增加存款，而不选择在证券市场上冒风险；同时，高利率会使证券投资价值下跌，证券价格也跟着下跌。

（二）财政政策对证券市场的影响

财政政策分为扩张性财政政策、紧缩性财政政策和中性财政政策。对财政政策的把握主要从财政收入和财政支出两个方面进行。财政收入主要表现为税收，其中财政收入中90%以上来自于此；而财政支出，从最基本的角度分析，则主要是政府开支。把握住这一收一支，也就基本上把握住了财政政策对证券市场的影响。

1.财政支出

政府开支主要用于政府购买与其他支出，它反映了政府在经济中的作用。政府开支的增减及其各种用途之间的变化，对国民经济相关部门的发展会产生重要的影响。如政府的大量军事订货与预购，对军火及其连带工业发展具有刺激作用；政府的社会福利和社会救济支出，对日用消费品与劳务行业会产生积极的影响，与这些行业或部门相关的企业，就会因政府财政支出的增加（需求扩大）而得到长足的发展，从而会促进整个经济景气的上升。证券市场也会因这些公司、企业证券价格的上扬而得到带动。如果政府开支锐减，情况就完全相反。

2.税制变动

税制的变动、税率上的增减直接影响到每个企业的生产经营成本，也就涉及企业利润的多寡。从宏观经济角度来看，税率的调整、税制的变动，往往伴随着一定时期国家经济政策、财政政策的修正。

当实施扩张性财政政策（降低税率，减少税收；扩大财政支出，加大财政赤字；减少国债发行，增加财政补贴等）时，相伴随的必是经济回升，证券行市趋涨；如果采取紧缩性财政政策时，经济降温，证券市场上的反应必是价格上的大幅度回落。由此可见，证券投资者在考察宏观经济环境时，国家财政政策是一个不可忽视的重要因素。

三、实训案例

（一）当前货币政策分析

1.利率变动对我国股市的影响分析

（1）进入中国人民银行网站或其他财经网站，收集我国一年期定期存款利率的变动数据。

（2）阐述我国利率变动趋势。

（3）结合上证指数，分析我国利率变动对股市的影响。

2.其他货币政策对我国股市的影响分析

（1）进入各大财经网站和中国人民银行网站，收集有关政府货币政策的信息。

（2）归纳政府当前所采取的货币政策。

（3）分析当前的货币政策对股市的影响。

（二）当前财政政策分析

（1）进入各大财经网站，收集有关政府财政政策的信息。

（2）归纳政府当前所采取的财政政策。

（3）分析当前的财政政策对股市的影响。

根据以上步骤，结合当前经济和政策形势，分析货币政策和财政政策对当前股市的影响。

四、实训报告

（一）利率变动对我国股票市场走势的影响

（1）查找2000年以来一年期定期存款利率的变化数据，对我国利率变动情况进行总结。

（2）查找历次利率变动当日上证指数的涨跌幅度。

（3）根据上述数据，分析利率变动对证券市场的影响。

（二）其他货币政策对证券市场的影响分析

（1）收集有关当前的货币政策信息，归纳政府当前所采取的货币政策。

（2）分析政府采取该货币政策的原因。

（3）分析当前货币政策对证券市场的影响。

（三）**财政政策对证券市场的影响分析**

（1）收集当前的财政政策信息，归纳政府当前所采取的财政政策。

（2）分析政府采取该财政政策的原因。

（3）分析当前财政政策对证券市场的影响。

（4）分析政府投资对证券市场的影响。

第二节　行业和板块分析

一、实训目的与要求

本实训的目的是使实训者能对某一行业和板块进行合理分析。通过本实训，要求掌握上市公司行业的基本分类，能够对上市公司所处的行业进行分类，能够对行业的一般特征进行分析；能够寻找出市场的投资热点，对地区板块和热点板块进行关注和分析。

二、实训指南

（一）上市公司行业分类

行业是指从事国民经济中同性质的生产或其他经济社会活动的经营单位和个体等构成的组织结构体系。由于各行业的盈利能力是不同的并且是有规律和可预测的，同时，公司的投资价值可能会由于所处行业不同而有明显差异。因此，行业是决定公司投资价值的重要因素之一。行业分析是对影响行业盈利能力的各种经济因素的确认。

证监会将上市公司的行业分为门类和大类两级。在进行实训时，可以通过同花顺行情分析软件进行查找。首先，进入同花顺行情分析软件主界面，在下部菜单栏中点击板块，在板块中，有行业板块和证监会行业板块，如图3-1所示。然后，将鼠标放在证监会行业板块上，即可显示出证监会对上市公司的行业分类，如图3-2所示。最后，选择一个行业类型，如"保险业"，即可显示该行业所包括的所有上市公司。

（二）行业的一般特征分析

1.行业竞争程度分析

根据行业中企业数量的多少、进入限制程度和产品差别，行业基本可分为四种市场类型：完全竞争、垄断竞争、寡头垄断、完全垄断。

2.行业对经济周期的敏感度

各行业变动时，通常呈现出明显的、可测的增长或衰退的格局，这些变动与国民经济总体的周期变动有关，但密切程度不同。据此，可以将行业分为三种类型。

（1）增长型行业。增长型行业运动状态与经济周期及其振幅无关，主要依靠技术进步、新产品推出及更优质的服务呈现出增长态势。

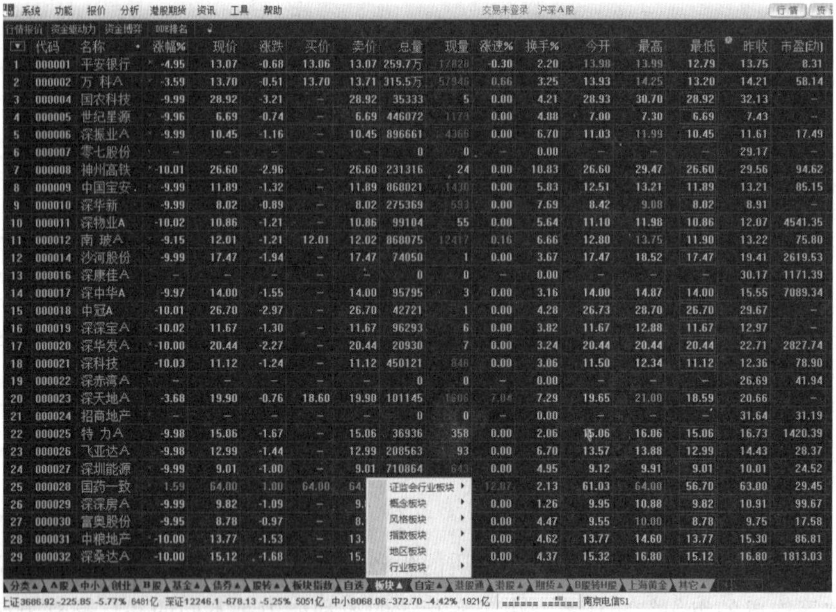

图3-1 行业分类操作示意图

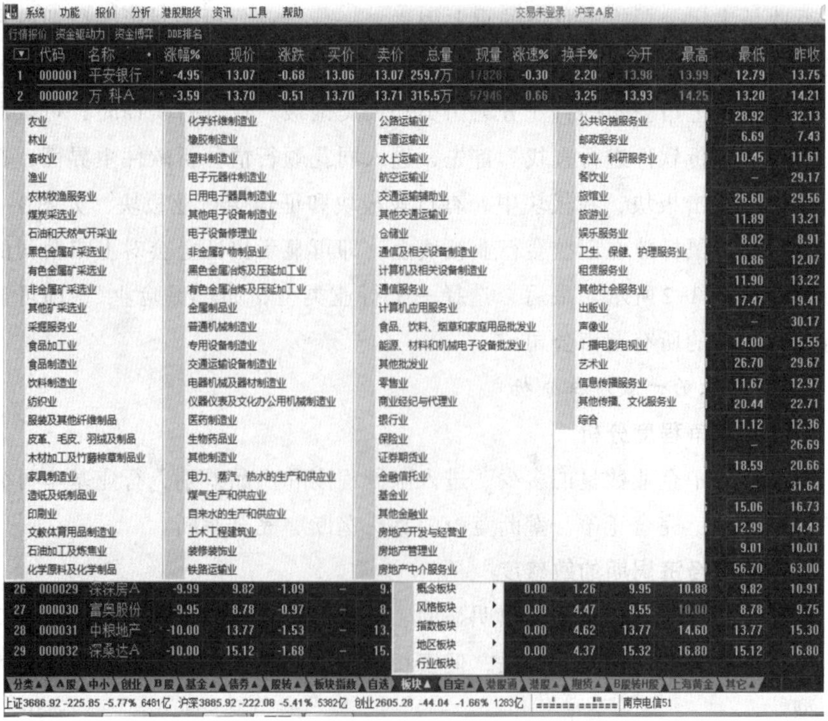

图3-2 证监会行业分类操作示意图

（2）周期型行业。周期型行业的运动状态直接与经济周期相关。当经济处于上升期时，这些产业会紧随其扩展；当经济处于衰退期时，这些产业也会相应衰退。

（3）防守型行业。防守型行业由于产品需求相对稳定，需求弹性小，不受经济周期衰退期的影响。

3.行业的生命周期分析

每个行业从发展经历上看都有一个由成长到衰退的发展演变过程。一般来说，行业生命周期包括以下四个阶段：初创期、成长期、成熟期和衰退期。产业生命周期的不同发展阶段，各有其特色。

（1）初创期。初创期企业的销售收入增长缓慢，成本较高，业绩不佳。这一阶段是风险大、收益小的时期，主要风险是技术风险和市场风险。投资于初创期的上市公司，收益少甚至亏损，但人们的预期较高，股价也有可能会很高。初创期的风险较大，股票投资是投机性的。

（2）成长期。成长期企业，随着规模的不断扩大，成本降低，销售收入增加，业绩优良。这一阶段是高速增长时期，主要风险是管理和市场风险。投资于成长期企业，由于有业绩基础，股价上涨具有长期性。

（3）成熟期。处于成熟期的企业，产品价格、业绩、利润相对稳定，风险较小，收益较高，分红派息较多。投资于成熟期的上市公司，由于利润稳定，股价一般不会大幅度升降，但会稳步攀升。

（4）衰退期。进入衰退期，企业产品销量缩小，利润减少，风险主要是生存风险。投资于衰退期的上市公司，由于在市场上无优势，股价呈下跌趋势，但有重组题材或借壳上市等，股价却会大幅度上涨。

4.投资选择

（1）顺应趋势，选择潜力股。

（2）对处于不同阶段的行业的投资选择。

①处于初创期的行业，适合于投机者。

②处于成长期的行业，适合于趋势投资者，不适合于价值型投资者。

③处于成熟期的行业，适合于收益型或价值型投资者。

④处于衰退期的行业，可关注规模小的上市公司是否有被重组或成为"壳资源"的可能性。

（3）正确理解国家的行业政策，把握投资机会。

（三）板块分析

1.股票板块

股票板块是指某类具有同类性质或共同特征的股票集合，这些股票因为有某一共同性质或特征而被人为地归类在一起，而这一特征往往是被所谓股市庄家用来进行炒作的题材。股票可以按不同的角度划分成不同的板块。比如按行业可分为地产板块、科技板块等；按地域可分为天津板块、浦东板块等；按股价可分为高价股板块、低价股板块等；按上市时间可分为新股板块、次新股板块等。还有种种板块概念的组合划分，如小盘绩优股、上海本地小盘股等。总之，几乎什么都可以冠以板块的名称，只要这一名称能成为股市炒作的题材。通常同一只股票往往同时属于不同的板块。

2.板块联动

（1）板块联动的概念。

板块联动是指同一类型的股票常常同涨同跌的现象。掌握板块联动操作技巧，有助于发现并及时把握市场热点，增强交易的盈利性，同时有利于回避因板块整体下跌而带来的个股风险。板块联动形成我国股市的一大景观。股市中有一些股票会共同具备某种具有重大经济内涵的特殊性质，当这种共同性质被市场认同时，就会形成股市中的板块结构。当板块中的一两只股票领先大幅涨跌时，同类其他股票也会跟随涨跌。利用板块的这种联动效应，在某种股票成为大众追涨的对象时，及时购入联动性较好的同板块股票，是获取短线收入的一种重要方法。

（2）板块联动的成因。

板块联动是股票市场的独特现象，有着复杂的市场背景和技术背景，主要有以下几方面的成因：

①当国家的产业政策发生变化时，与此相关的产业将会因政策性的得失而发生市场波动。比如国家对节能环保产业进行政策扶持，该行业板块的股票价格将因政策性利好上扬。但这种上扬对各股的利好影响是不同的，表现在各股所持续的时间和力度有较大的差异性。有些股票仅仅昙花一现，而有些股票却能有一波上攻行情。反之，当遇政策性利空时，与此相关的板块将下跌。

②当某只股票基本面发生重大变化，领涨或领跌大盘时，该股所属的板块也将联动上涨或下跌，其中参与联动的有些股票鱼目混珠，只有极短暂的联动，便销声匿迹了。

③板块联动心理造成板块联动，这就是板块的助涨助跌功能。板块联动的概念在股市中已深为投资者所熟悉和认同，当某只股票领涨大盘时，投资者相信该股相关板块也会联动上涨，于是纷纷杀入该板块，造成整个板块的整体上扬。当某只股票领跌大盘时，投资者相信该股相关的板块也会联动下跌，于是纷纷抛售，造成该板块的整体下跌。

④大庄家利用板块联动效应，进行联手操盘，互为掩护，操纵市场。

（3）板块联动的操作要点。

板块联动具有较强的规律性，其实战原理主要包括五个方面：

①当同一板块走强时，板块中的各股将整体走强；当同一板块走弱时，板块中的各股将整体走弱。

②当某一只股票领涨大盘时，该股的板块将整体走强；当某一只股票领跌大盘时，该股的板块将整体下跌。

③并非同一板块中的所有股票都发生板块联动，应历史地确认板块联动股。通常，历史上板块联动性强的股票在以后的板块联动中才会有板块联动效应。

④板块联动具有延续性，当某一板块联动启动后，这种联动效应将延续一段时间。

⑤同一板块联动时往往出现个股轮跳的现象，当该板块启动后，轮跳的个股将带动整个板块，形成板块联动的"各领风骚"局面。这主要是由于大庄家对某个块板联手做庄，使得板块中各股的走势扑朔迷离。

三、实训案例

（一）行业分析案例

首先，确定上市公司行业分类。可以按以下步骤操作：（1）进入同花顺行情分析软件，了解行业分类；（2）选择某一行业类型，列出属于这一行业的上市公司。其次，对行业的一般特征进行分析。可以按以下步骤操作：（1）寻找宏观面大力支持的行业及相关的行业政策信息；（2）选择某一行业，分析该行业的竞争程度、经济周期和生命周期等一般性特征。

本书以银行业为例进行分析。

银行业分析案例

1.银行业的竞争程度分析

我国共有16家上市银行，此行业由于进入的门槛较高，且大多数国家对银行的牌照发放均有严格限制，因此，此行业多为国家控股，市场结构为典型的垄断竞争行业。

中国银行业竞争环境比较宽松，基本上都是存贷银行，由于其他的业务不多，目前银行业的经营风险大都集中在贷款上，因此风险基本上可以得到控制。中国的银行业开放度低，行业集中，再加之高储蓄、高投资的经济特性，中国的银行业对于上下游均处于优势的地位，具有强势定价的能力。另外，银行业产品的同质性较强和分支网点铺设地域相似，这导致银行业竞争非常激烈，利润下降，风险提升。

2.银行业对经济周期的敏感性分析

银行是全社会的资金渠道和最大的间接融资渠道，其与全社会的经济密切相关。因此，一国的经济周期会不可避免地明显影响到银行业，从而造成银行业为周期型行业。

3.银行业的生命周期分析

银行业业务较为稳定，以存贷款业务为主。中间业务形成竞争格局，在手续费及佣金收入占营业收入比重上，国有银行整体高于股份制银行和城商行。银行产品同质性较强，买方市场形成，行业盈利能力较为稳定，风险较小，属于成熟期行业。

4.银行业最新发展动态

据维赛特网 2015 年 7 月 15 日发布的银行业分析报告称：银行业的信贷结构恶化，宽松政策有望持续。其观点摘录如下：

信贷结构进一步恶化。2015 年 6 月新增贷款达到 1.27 万亿元，高于市场预期的 1.05 万亿元，月末贷款余额同比增速达到 13.4%。新增贷款超预期的主要原因在于临近年中银行放贷冲动提升以及央行宽松的信贷额度指导和持续的宽松政策。但是从新增贷款的结构来看，实体经济依然承压。虽然居民中长期贷款由今年一季度的 18% 和 4 月的 22% 增加至 5 月和 6 月的 23%，但新增票据贴现从今年一季度月均增加 550 亿元，4 月的 1 360 亿元和 5 月的 2 230 亿元进一步增加至 6 月的 3 450 亿元。票据贴现在新增贷款中的占比更是由今年一季度的 4%，4 月的 19% 和 5 月的 25% 增加至 6 月的 27%。而企业中长期贷款占比由今年一季度的 41%，4 月的 39% 和 5 月的 28% 进一步下降至 6 月的 25%。这种情形通常出现在贷款额度较为宽松但银行向实体经济投放信贷动力不足的阶段。银行惜贷的主要原因还是实体经济风险较大和融资成本高企。为了降低实体经济融资成本、改善实体经济流动性，我们预计政府将一方面通过积极的财政政策提振基建投资需求；另一方面由于银行是基建贷款和地方政府债务及城投债的认购主体，因此积极的财政政策还需要货币宽松来予以配合。通过降准和 PSL 等投放的流动性将降低银行的融资成本，鼓励银行增加有效信贷供给和扩大债券投资。这将降低实体经济的融资成本，并改善银行的资产质量。

资产质量担忧缓解。近期媒体报道财政部正在考虑第三批地方存量债务 1 万亿元置换债券额度，允许地方继续把一部分到期的高成本债务转化成地方政府债券。置换的对象是年内到期的成本较高的地方政府债务，预计主要为平台贷款、信托和部分高息城投债。预计置换方式将是赋予地方政府发行特别地方债的权限，面向特定投资者发行（如政策性银行和商业银行）。预计可减少地方政府利息负担400亿～500亿元。我们认为这将缓解市场对银行资产质量的担忧，推动银行进一步估值修复：一方面，置换计划意味着地方融资平台债务压力得到缓解，改善主体的偿债能力，显示了政府对地方债务平稳过渡的态度；另一方面，随着更多的资金流向低风险、低收益的地方政府债券和国开债，市场无风险利率将进一步下降，从而降低债券收益率和理财产品收益率，减缓银行存款的流失，降低银行融资成本，提高其放贷积极性，最终促进经济复苏。

重申超配评级。今年以来港股银行板块上涨6%，跑赢国企指数7个百分点。这符合我们一直以来的观点，即在经济疲弱、刺激政策持续的阶段，银行有望同时提供绝对收益和相对收益。目前银行板块对应0.9倍2015年PB，低于1.13倍历史平均水平。港股银行较A股银行平均折价37%。持续的宽松政策缓解了市场对资产质量风险的担忧，银行估值修复有望持续。我们的首选标的仍然是估值便宜和拥有较强贷款议价能力的银行，基于国企改革稳步推进和估值具备吸引力，我们推荐交行；基于融资能力较强和县域业务潜力，我们推荐重庆农商行；基于贷款议价能力较强和安邦加入有望改善负债端并夯实客户基础，我们推荐民生银行；基于海外业务先发优势，我们推荐中国银行。

（二）板块分析案例

首先，进入同花顺行情分析软件，了解板块分类。其次，结合当前市场热点，寻找热点板块，分析板块的联动效应。

2015年上半年，"一带一路"成为投资热点，我们以"一带一路"为例进行板块分析。

"一带一路"板块分析案例

一带一路是"丝绸之路经济带"和"21世纪海上丝绸之路"的简称。

在当今世界正发生复杂深刻的变化，国际金融危机深层次影响继续显现，世界经济缓慢复苏、发展分化，国际投资贸易格局和多边投资贸易规则酝酿深刻调整，各国面临的发展问题依然严峻的时代背景下，中国国家主席习近平分别于2013年9月和10月提出建设"丝绸之路经济带"和"21世纪海上丝绸之路"的战略构想。2015年2月1日在北京召开推进"一带一路"建设工作会议。2015年博鳌亚洲论坛开幕式上，习近平主席发表演讲，表示"一带一路"建设要在已有基础上，推动沿线各国实现经济战略相互对接、优势互补。未来三年，中国将建设200多项"一带一路"重点旅游项目；未来五年，中国将向"一带一路"沿线国家输送1.5亿人次中国游客。

2015年2月25日，国务院总理李克强主持召开国务院常务会议，部署推进包括重大水利工程在内的公共设施建设，扩大有效投资需求，推动结构调整和相关产业发展。根据会议部署，目前纳入规划的172项重大水利工程，57项已开工建设，27项拟于年内开工。由此可见，"一带一路"并不是停留在概念层面，而直接与相应行业、企业产生实质性关联。政策文件《一带一路愿景与行动》包含了海陆空交通、电力油气输送、通信网络建设、投融资机构支持和旅游五大类别，涉及建筑、机械、电力、环保、建材、交运、石化、通信、旅游、银行等板块的数十个标的。在海外充分布局或有海外项目经验的企业、大型国企央企、行业龙头以及地处新疆、西藏等丝路经济带的企业是重点受益企业。

针对"一带一路"政策，证券市场相关板块做出了积极的回应。2015年2月26日，一带一路概念股表现可圈可点，当日，柳工、中国交建、葛洲坝、山推股份、中国电建等个股纷纷冲至涨停，徐工机械、中工国际、中材国际、中国铁建、振华重工、三一重工等个股当日涨幅也均超过5%。资金流向方面，当日板块内共38只概念股实现大单资金净流入，其中，大单资金净流入超过1 000万元的个股有20只，而中国电建（61 246.34万元）、中国交建（57 539.25万元）、葛洲坝（41 469.84万元）、徐工机械（32 391.83万元）、柳工（16 336.57万元）、三一重工（14 836.75万元）、山推股份（13 111.30万元）、中工国际（11 747.51万元）、中国中铁（10 928.57万元）和中国铁建（10 876.61万元）等10只个股大单资金净流入均超过亿元，累计吸金270 484.58万元。

2015年3月30日，同样受"一带一路"利好消息影响，当日指数高开高走，大幅反弹，一路一带概念股大爆发，海外工程概念大涨超过7%，建筑、保障房、工程机械、水利建设等概念板块涨幅均超过6%。个股方面，有超过300只个股连续上涨超过3个交易日，从连续上涨幅度看，蓝思科技连续涨幅超过114%，诚益通、富临精工两只个股连续上涨幅度超过90%。此外，中天城投、四通新材、全筑股份等9只个股连续上涨幅度超过50%。

四、实训报告

（一）行业分析

（1）选择某一行业类型，写出属于该行业上市公司的代码和名称。

（2）搜集某一行业的政策信息，寻找宏观面大力支持的行业，并查找该行业的最新发展动态。

（3）根据第2题所找行业，分析该行业的竞争程度、经济周期和生命周期等一般性特征。

（二）板块分析

（1）同花顺行情分析软件对板块是如何分类的？

（2）搜集当前政策信息，寻找当前市场的投资热点，分析板块的联动效应。

第三节 公司分析

实训项目一 公司基本面分析

一、实训目的与要求

本实训的目的是使实训者掌握上市公司基本情况的分析方法。通过本实训，要求掌握上市公司的行业地位、公司盈利能力及成长性、公司经营管理能力分析方法，能据此对证券投资作出初步判断。

二、实训指南

（一）了解公司的基本情况

首先，要对公司的基本情况有所了解。可以通过公司官方网站或同花顺行情分析软件中的 F10 功能键来了解公司概况。例如，进入同花顺行情分析软件，进入格力电器分时走势图，点击 F10，进入基本资料界面，如图 3-3 所示。

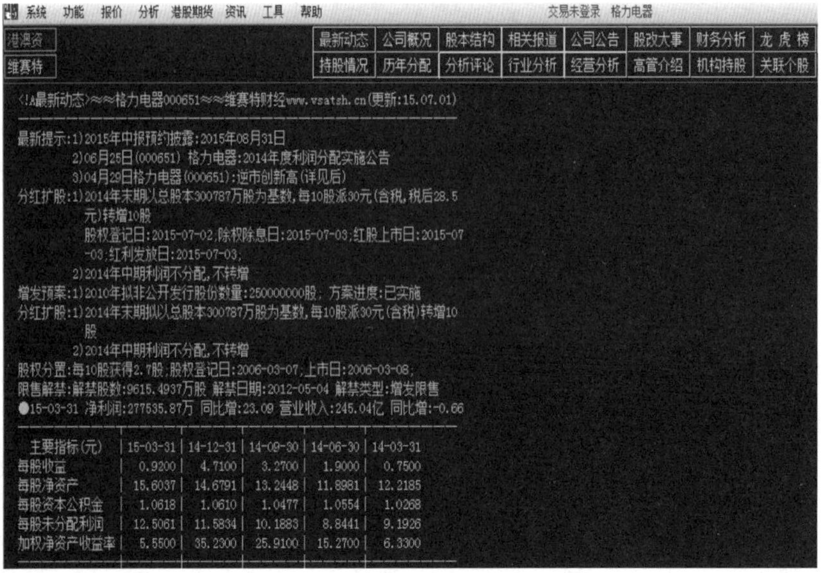

图 3-3 公司基本资料

获取公司概况、股本变动情况、股东情况、重大事项、经营业绩、财务情况等相关信息资料都可以通过同花顺行情分析软件中的F10功能键来实现。

（二）公司行业地位分析

公司的行业地位是指公司在行业中所处的竞争地位，如是否为领导企业、在价格上是否具有影响力、是否有竞争优势等。公司的行业地位越高，对价格的控制力越高，越能获得超额利润，也就越具有投资价值。衡量公司行业竞争地位的主要指标是行业综合排名和产品的市场占有率。

同样，通过同花顺行情分析软件中的F10功能键可以查看行业中公司在总资产、营业收入、净利润增长率等方面的排名情况。

（三）公司盈利能力分析

盈利能力大小，是一个公司是否值得投资的关键因素。公司的盈利能力越强，资本成本就越低，公司的每股净资产值就越高，则公司发展潜力和其股票的投资价值就越大。

（四）公司经营管理能力分析

公司的经营管理能力可以通过公司的法人治理结构、公司管理层的素质和能力、公司的经营效率、新产品的研发能力等方面来体现。

总之，公司的竞争力越强，在行业中的号召力就越强，公司的股价就会相对稳定或稳步上扬。

三、实训案例

东方财富（300059）公司基本情况分析

（一）公司基本概况

东方财富网（东方财富信息股份有限公司）为中国第一财经门户，简称东方财富（300059），于2010年3月19日上市，以40.58元/股的发行价格共发行3 500万股，首日开盘价为61元。公司主营业务包括金融数据服务、互联网广告服务及金融电子商务服务等业务。其产品有金融数据服务、广告服务、金融电子商务服务业务等。

（二）公司基本面分析

1.公司行业地位分析

该细分行业内共有上市公司80家，该股票总资产在行业内排名为第3位，主营业务收入在行业内排名为第10位，每股收益在行业内排名为第43位，净利润增长率在行业内排名为第7位。

2.公司的经济区位分析

公司所处的经济区位具有的优势是：东方财富信息股份有限公司位于上海市，而上海有地理区位优越的良好条件：首先，上海位于太平洋的西岸，与日本东京、中国香港、新加坡相邻或处于同一时区，也能与国际金融中心英国伦敦、美国纽约构建连续24小时的接力交易。上海又位于远东的中心点，邻近的是全球经济最具活力的东亚地区。与国内诸多大城市相比，上海构建国际金融中心享有得天独厚的地理区位和交通便利的条件。其次，上海具有雄厚的经济实力、规模庞大的金融机构和数量众多的金融市场体系。另外，上海金融市场的规模日益扩大，并在世界上占有一定地位，并具有辐射周边地区的巨大潜力。因此，位于上海市的东方财富信息股份有限公司具有良好的区位优势。

3.公司产品分析

公司产品具有的优势是：公司通过网站平台和各专业频道提供专业的、及时的、海量的资讯信息，满足广大互联网用户对财经资讯和金融信息的需求，同时提供财经互动社区平台，满足用户互动交流和体验分享需求。公司运营的网站为"东方财富网"及多个专业频道，主要包括"天天基金网""股吧""东方博客"等，已形成我国用户访问量最大、用户黏性最高的互联网财经信息平台之一。

（三）公司的优势与劣势分析

1.该公司的优势

①知名度高：东方财富网已经跃居全球三大财经门户网站之一，国内排名第一；②信息及时："没有休息日、新闻不过夜"是东方财富网的行动口号；③信息量大：每天更新全球财经信息数千条；④互动型强：拥有当今中国最大、最活跃的财经互动社区；⑤团队专业：一支由具有多年媒体、证券从业资深背景人员组成的专业团队。

2.该公司的劣势

①网站的长期合作伙伴相对较少，网站发展中所需要的支援可能需要临时搭建，不利于及时抓住偶然性的机遇；②同业市场竞争日益激烈，许多门户财经网站不以销售产品为主要目的，但凭其门户的优势吸引着更多的浏览量，潜在的竞争对手是其长期发展的威胁之一。

（四）公司的最新动态

东方财富信息股份有限公司关于使用自有资金增资入股易真网络科技股份有限公司的公告：2015年7月10日，东方财富信息股份有限公司第三届董事会第二十三次会议审议通过了《关于使用自有资金增资入股易真网络科技股份有限公司的议案》，同意公司使用自有资金人民币 25 000 万元增资入股易真网络科技股份有限公司，增资后公司持有的股份占易真股份增资后总股本的27%。根据《公司章程》和《对外投资管理制度》等相关规定，本次投资事项属于公司董事会决策权限，无须提交股东大会审议。本次投资不构成关联交易。

（五）结论

综合以上基本面分析，该股票具备投资价值。

四、实训报告

（一）公司的基本信息

（1）选取一家上市公司，将其基本概况填入表 3-1。

表 3-1　　　　　　　　　　　　公司基本概况

公司名称			
证券简称		证券代码	
行业类别		上市日期	
法人代表		总经理	
经营范围			
主营业务			
每股发行价（元）		上市首日收盘价（元）	

（2）将公司的前五大股东及持股比例（截止日期_____）填入表 3-2。

表 3-2　　　　　　　　　公司的前五大股东及持股比例

股东排名	股东名称	持股比例（%）
第一大股东		
第二大股东		
第三大股东		
第四大股东		
第五大股东		

（3）将公司近三年的股本变动情况填入表 3-3。

表 3-3   公司近三年的股本变动情况

时间	股本数量（万股）	变动原因

（二）公司基本面分析

（1）公司行业地位分析。

该细分行业内共有上市公司_____家，该股票总资产在行业内排名为第_____位，主营业务收入在行业内排名为第_____位，每股收益在行业内排名为第_____位，净利润增长率在行业内排名为第_____位。

（2）公司盈利性和成长性分析。

①行业内公司的比较。

将行业内各公司最新一年的每股收益、每股净资产、净资产收益率、主营业务收入同比增长率、净利润同比增长率填入表 3-4。

表 3-4   行业内公司的比较

序号	简称	代码	每股收益（元）	每股净资产（元）	净资产收益率（%）	主营收入同比增长率（%）	净利润同比增长率（%）
1							
2							
3							
4							
5							
	行业平均水平						

②公司最新的发展动态分析。

③根据以上比较，初步判断公司是否具备投资价值。

（3）公司经营管理能力分析。

（三）思考题

在宏观经济和中观行业分析的前提下，从公司分析的角度推荐一家上市公司股票，写出推荐理由和你的预期。

实训项目二　公司财务分析

一、实训目的与要求

本实训的目的是使实训者掌握对上市公司财务情况进行分析的基本方法。通过本实训，要求掌握上市公司财务分析的基本方法，能够对上市公司财务情况进行简单分析，并能据此对证券投资作出基本判断。

二、实训指南

（一）公司主要的财务报表

反映企业经营成果和财务状况的财务报表主要有资产负债表、利润表、现金流量表。

资产负债表反映了企业在某一时点上所持有的资产、所负的债务和所有者对净资产的要求权，是企业财务状况的综合反映。

利润表是投资者分析企业盈利能力或经营效益好坏的主要依据。

现金流量表反映企业在一定会计期间内现金流入与流出情况，表明企业获得现金和现金等价物的能力。它真实地反映了公司当期实现收入的现金、实际支出的现金及二者相抵后的净额，此外，它还反映了公司的偿债能力、支付股利的能力和产生现金流量的能力，帮助债权人、股东和潜在的投资者做出正确的投资决策。

（二）财务比率分析

1.公司偿债能力分析

偿债能力是指公司偿还各种到期债务的能力。

（1）短期偿债能力分析。

短期偿债能力是指公司以流动资产偿还流动负债的能力。反映短期偿债能力的财务比率主要有流动比率和速动比率。

①流动比率＝流动资产/流动负债

一般认为生产型企业合理的最低流动比率是2。

当然，计算出来的流动比率只有和同行业平均流动比率、本公司历史的流动比率进行比较，才能知道这个比率是高还是低。

②速动比率＝（流动资产－存货）/流动负债

通常认为正常的速动比率为1，这表明公司不需要动用存货就可以偿付流动负债，表明公司有较强的偿债能力。各行业之间速动比率是有差别的。

（2）长期偿债能力分析

长期偿债能力是指公司偿付到期长期债务的能力，主要指标包括资产负债率、产权比率等。

①资产负债率＝总负债/总资产

它表明企业总资产中，由债权人提供的资产所占比重以及企业的资产对债权人权益的保障程度。

②产权比率＝总负债/股东权益

它反映由债权人提供的资本与股东提供的资本的相对关系，反映公司基本财务结构是否稳定。

（3）偿债能力保障程度分析

偿债能力保障程度主要衡量公司对固定利息费用所提供的保障程度，用已获利息倍数指标来反映。

已获利息倍数＝息税前利润/利息费用

它反映企业息税前利润为所需支付的债务利息的多少倍。已获利息倍数足够大，企业就有充足的能力偿付利息。从稳健性的角度出发，最好比较本企业连续几年的该项指标，并选择最低指标年度的数据作为标准。

2.资本结构分析

资本结构分析主要分析资产与负债、股东权益之间的相互关系，反映企业使用财务杠杆的程度及财务杠杆的作用，主要指标有股东权益比率、资产负债率、长期负债比率、股东权益占固定资产比率等。

①股东权益比率＝股东权益/资产总额

对股东来说，股东权益比率过高，意味着企业不敢负债经营，没有积极地利用财务杠杆的作用。对于债权人来说，股东权益比率高意味着企业资金来源中股东投资的比率大，举债融资的比率小，债权人的权益受到保护的程度大。

②资产负债率＝100%–股东权益比率

③长期负债比率＝长期负债/固定资产

该比率反映公司固定资产中长期负债占的比率，该比率较高，说明公司过多地依赖长期债务购置固定资产。

④股东权益占固定资产比率＝股东权益/固定资产

该比率反映公司股东投资是过多还是不够充分。

一般情况下，股东权益占固定资产比率略大于50%，而长期负债比率略小于50%为好。

3.公司营运能力分析

公司营运能力分析主要分析企业对资产的管理是否有效，衡量指标主要包括应收账款周转率、存货周转率和总资产周转率等。

①应收账款周转率＝销售额/应收账款

应收账款周转率越高，平均收账期越短，说明应收账款的收回越快；否则，公司的营运资金会过多地滞留在应收账款上，影响正常的资金周转。

②存货周转率=销售成本/存货

一般来讲,存货周转速度越快,存货的占用水平越低,流动性越强,存货转换为现金或应收账款的速度越快。

③总资产周转率=主营业务收入/净额资产平均占用额

这个指标反映了企业经理层在长期资产管理方面的策略、政策与管理水平。

4.公司盈利能力分析

企业的盈利能力很难加以定义和衡量,没有一种方法能明确地告诉我们企业是否具有较好的盈利性。财务分析人员至多能衡量当前或既往的会计利润,然而,许多商业机会都是以牺牲当前利润为代价来换取未来利润的。

反映公司盈利能力的指标很多,通常使用的主要有销售毛利率、销售净利率、总资产报酬率等。

①销售毛利率=利润总额/销售收入

销售毛利率是考核公司经营状况和财务成果的重要指标。

②销售净利率=净利润/销售收入

销售净利率反映每1元的销售收入带来的净利润是多少。

③总资产报酬率＝净利润/平均资产总额

该指标用来衡量公司利用全部资产实现利润的情况,即每1元钱的资产能获取多少净利润。

5.投资者获利能力分析

衡量投资者获利能力的指标主要有每股收益、股利支付率、每股股利、每股净资产、净资产收益率、市盈率、市净率。

①每股收益=净利润/发行在外的年末普通股总数

它是衡量上市公司盈利能力最重要的财务指标,反映普通股的获利水平。

②股利支付率=每股股利/每股收益

它反映公司股利分配政策和支付股利的能力。

③每股股利=股利总额/股本总数

它反映上市公司每一普通股获取股利的大小。每股股利越大,则公司股本获利能力就越强。

④每股净资产=年末净资产/发行在外的年末普通股总数

它反映发行在外的每股普通股所代表的净资产成本即账面权益,在理论上提供了股票的最低价值。

⑤净资产收益率＝净利润/净资产

该指标说明公司投资者投入资本的获利能力。

⑥市盈率＝每股市价/每股收益

它反映投资者对每1元净利润所愿意支付的价格，可以用来估计公司股票的投资报酬和风险，是市场对公司的共同期望指标。

一般来说，市盈率越高，表明市场对公司的未来越看好。

⑦市净率＝每股市价/每股净资产

市净率表明股价以每股净资产的若干倍在流通转让，评价股价相对于每股净资产而言是否被高估。市净率越小，说明股票的投资价值越高，股价的支撑越有保证；反之，则投资价值越低。

三、实训案例

沈阳新松机器人自动化股份有限公司2015年一季度财务分析

2015年4月26日，沈阳新松机器人自动化股份有限公司（以下简称"机器人公司"）发布2015年一季度报告。报告显示，期内公司实现营业收入30 708.47万元，同比增长16.06%；归属于上市公司普通股股东的净利润为5 147.09万元，同比增长11.02%。

（一）机器人公司2015年一季度的基本财务状况

1.资产状况

2015年机器人公司年初资产总计324 262.23万元，一季度末增长到338 585.77万元，提高了4.42%，其中非流动资产增速明显大于流动资产，表明机器人公司的固定资产增多，也意味着其经营规模在逐渐扩大，资本增加。

2.资产构成

机器人公司的流动资产222 603.02万元，固定资产37 274.71万元，无形资产20 039.22万元。

3.负债情况

2015年一季度机器人公司的负债增长速度较快，其年初负债为125 497.39万元，一季度末负债增长了6.09%，增加了7 644.15万元。其中，长期负债增加得较多，且增长速度高于总资产增长速度。

4.股东权益

机器人公司的股东权益增长速度相对较快。相对于年初而言，一季度增加了6 724.94万元，增长了5.35%。

5.营业状况

2015年一季度公司实现营业收入为30 708.47万元，同比增长16.06%；净利润达到5 147.09万元，同比增长11.02%。

（二）机器人公司2015年一季度偿债能力分析

偿债能力分析主要分为短期偿债能力分析和长期偿债能力分析，现分析如下：

1.短期偿债能力分析

流动比率：流动比率是衡量企业短期偿债能力的一个重要财务指标，比率越高，企业短期偿债能力越强。与同行业相比，机器人公司一季度末的流动比率为2.81，高于平均水平。与上年年末的2.80相比，公司流动比率保持平稳。这表明每有1元的流动负债，就有2.81元的流动资产作为安全保障。

速动比率：一般速动比率为1比较合适。通过分析，虽然机器人公司和同行业相比速动比率略低，但一季度末公司的速动比率为1.38，在正常范围之内。

2.长期偿债能力分析

企业的长期偿债能力主要通过资产负债比率这一指标来判断。年初公司的资产负债比率为38.70%，一季度末公司的资产负债比率达到39.32%，负债比率略有上升但相差不大。同时，机器人公司的资产负债比率与同行业平均水平相比处于较低水平。

综上所述，企业的偿债能力跟年初相比，依旧处于比较良好的态势，并不存在太大的财务风险。

（三）机器人公司2015年一季度盈利能力分析

盈利能力是指企业获取利润的能力。它不仅关系到企业所有者的投资效益，也是企业偿还债务的一个重要指标。盈利能力主要通过净资产收益率、销售净利润、股东权益报酬率等分析。

销售毛利润率：机器人公司2015年一季度的销售毛利润率为32.20%，与往年数据基本持平，表明该公司的销售能力基本保持稳定。

净利润：机器人公司2015年一季度的净利润为5 147.09万元，同比增长11.02%，较之同行业处于较高的水平，说明公司的盈利能力较强，在投资、筹资和生产运营等各方面经营活动的效率较高。

净资产收益率：机器人公司2015年一季度的净资产收益率为2.36%，虽然较2014年年末净资产收益率为18.47%有明显的下降，但其净资产收益率还是高于行业平均水平。

由上述三项指标分析可知，机器人公司的盈利能力比较强。

2015年一季度机器人公司没有出现较大的偿债问题，偿债能力较强。同时，公司的盈利能力相比于同行业也较好。综合来看，机器人公司的财务状况较稳健，因此具有较大的投资价值。

四、实训报告

（1）选择一家上市公司，对其近三年主要财务指标（见表3-5）的变化情况进行分析。

表3-5　　　　　　　　　　近三年公司主要财务指标

年份			
主营业务收入（亿元）			
主营业务利润（亿元）			
净利润（亿元）			
每股收益（元/股）			
每股净资产（元/股）			

（2）选择一家上市公司，运用比率分析法对其财务状况进行分析。

第四章

证券投资技术分析

第一节 K线理论分析

一、实训目的与要求

本实训的目的是使实训者掌握K线和K线组合的概念和基本运用。通过本实训，要求掌握K线的概念、K线的画法、K线与分时走势图之间的关系，对一些K线组合有基本的认识；能够结合市场环境，根据股票走势情况，运用K线和K线组合理论，对后市价格走势有一个基本的判断。

二、实训指南

（一）K线的形状及应用

除了根据股价的涨跌，K线可以分为阳线和阴线外，由于四个价格的不同取值，K线会有一些特殊的形状。

1.光头阳线和光头阴线

这种K线没有上影线或者上影线很短。当收盘价或开盘价正好与最高价相等时，就会出现这种K线。

光头阳线表示多方势力比较强劲，后市上涨可能性较大；光头阴线则相反。

2.光脚阳线和光脚阴线

光脚就是没有下影线，当收盘价或开盘价正好与最低价相等时，就会出现这种K线。

光脚阳线表明多头势力较强，试探向上；光脚阴线说明空方实力较强，收盘价收在最低点。

3.带上下引线的K线

这是最常见的K线。

4.光头光脚阳线和光头光脚阴线

这种K线既没有上影线也没有下引线。当开盘价和收盘价分别于最高价和最低价中的一个相等时，就会出现这种K线。

光头光脚大阳线表示强烈的升势，后市看涨，如图4-1所示；光头光脚大阴线则相反，如图4-2所示。

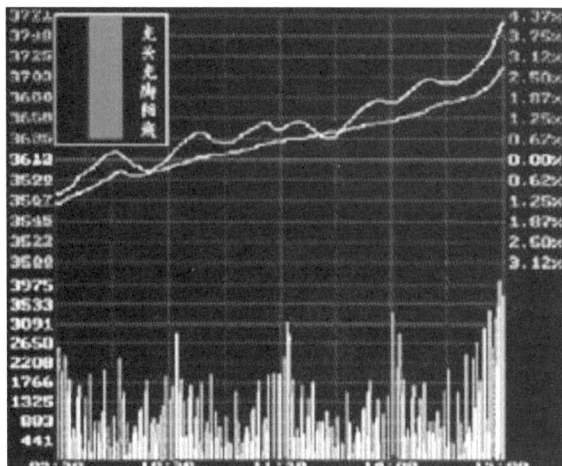

图4-1 光头光脚大阳线

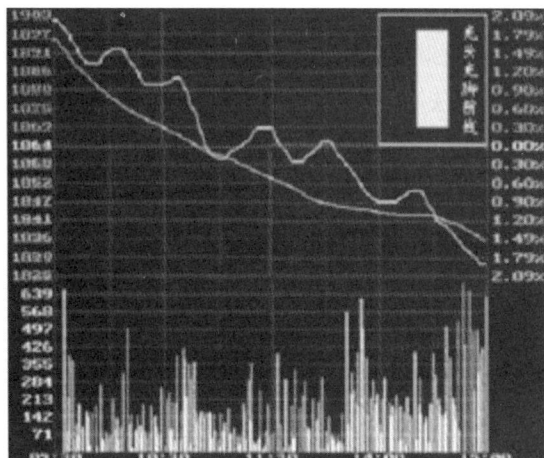

图4-2 光头光脚大阴线

5.十字星和一字形K线

当收盘价与开盘价相同时，就会出现十字星K线，它的特点是没有实体。当收盘价、开盘价、最高价、最低价四个价相等时，就会出现一字形K线。

十字星表示多空争夺激烈，实力不相上下。一字形K线有两种情况：一种是交易萧条；另一种是两方实力悬殊，有一字板涨停和一字板跌停。

6.T字形和倒T字形K线

当收盘价、开盘价和最高价相等时，就会出现T字形K线；当收盘价、开盘价和最低价相等时，就会出现倒T字形K线。

T字形K线升势明显；倒T字形K线跌势明显。

K线的几种形状如图4-3所示。

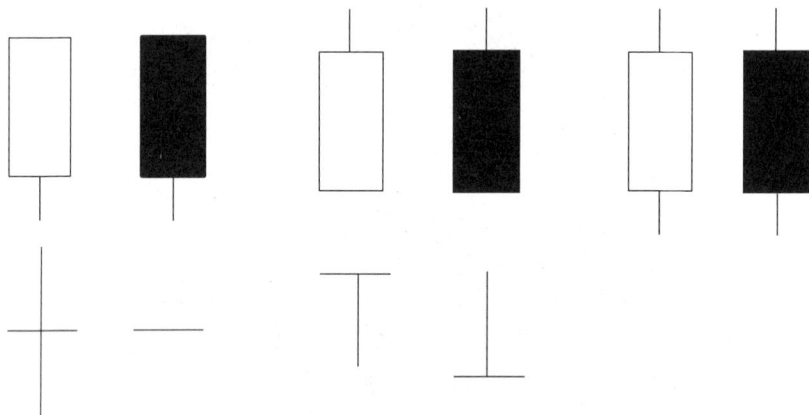

图4-3　K线的几种形状

（二）K线组合及应用

1.早晨之星和黄昏之星

早晨之星由三根K线组成：第一天在下跌过程中已形成一根阴线，第二天呈缺口下跌，K线实体较短，构成星的主体部分，阳线和阴线均可，上下影线也不重要，第三天必须是阳线，且其长度至少要升至第一根阴线实体的二分之一处，若包容第一根阴线就更是明确无误的买进信号（如图4-4所示）。

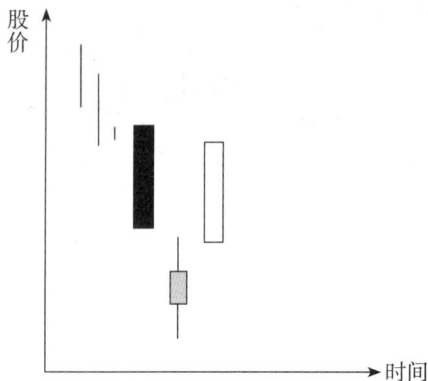

图4-4　早晨之星

黄昏之星也由三根K线组成：第一天股价继续上升，拉出一根阳线，第二天则波动较小，仅形成一根小阳线或小阴线，为星的主体部分，重要的是第三天拉出一根阴线并至少下跌到第一天阳线实体的二分之一处（如图4-5所示）。必须注意的是，黄昏之星的出现只有当股价已上升了较大幅度后才为卖出信号。若股价下跌时出现黄昏之星则无参考价值。

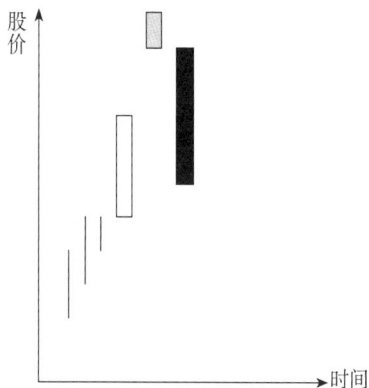

图4-5　黄昏之星

2.十字星

当股价已上涨（跌）数日并达较高（低）价位时，若出现一个带上、下影线且上影线较长的十字星时，往往说明股价已涨（跌）得很高（低），欲振乏力，股价将要下跌（上升），为卖出（买进）信号。十字星是早晨之星、黄昏之星的特例。黄昏无实体十字星又称南方十字星，如果十字星出现后，第二天有第二个缺口，则称弃婴（如图4-6所示）。

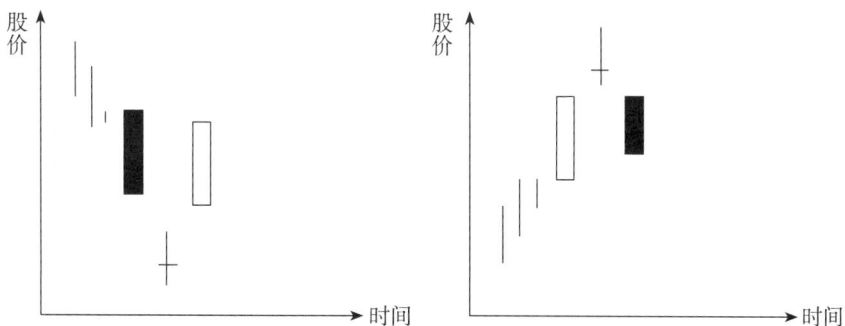

图4-6　十字星

3.射击之星和倒锤线

射击之星是实体较小的阳线或阴线，其上影线较长，至少是实体的三倍，它常出现于市场的顶部，预示着股价将反转，为卖出信号（如图4-7所示）。必须注意的是，只有在股价已出现较大的升幅后，射击之星才为正确的卖出信号。

倒锤线的形态特点是：小实体在价格区域的较低部分形成，一般不要求有缺口，只要在一个趋势之后下降就可以。上影线的长度一般大于实体的2倍，下影线短到可以认为不存在（如图4-8所示）。

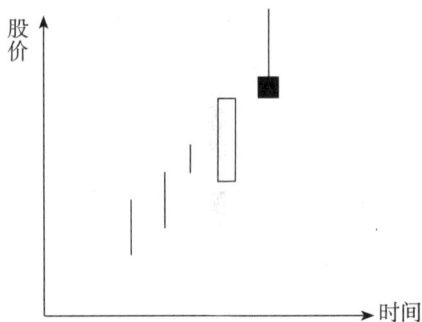

图4-7　射击之星

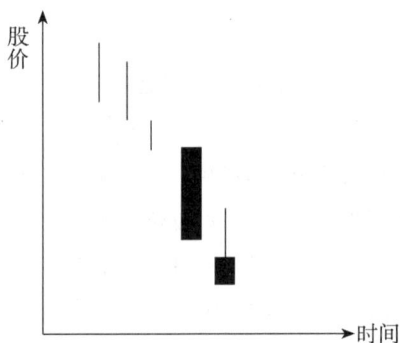

图4-8　倒锤线

4.三白兵与三乌鸦

三白兵是发生在股价下降趋势末期的一种形态，出现了连续三根的长阳线，每天出现了更高的收盘价，且每日开盘价都在前一日的K线实体的中点以上，而连续三日每日收盘价在当天的最高价或接近最高价（如图4-9所示）。三白兵是买进信号。

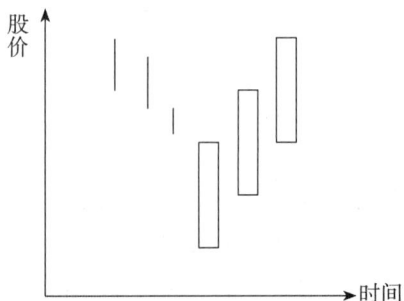

图4-9　三白兵

三乌鸦一般是在股价上涨的末期出现的，是看跌的图形组合。三乌鸦是出现了连续三根的长阴线，每天收盘价出现了新低，且每日的开盘价在前一日实体之内，每日收盘价在当天的最低价或接近最低价（如图4-10所示）。三乌鸦是卖出信号。

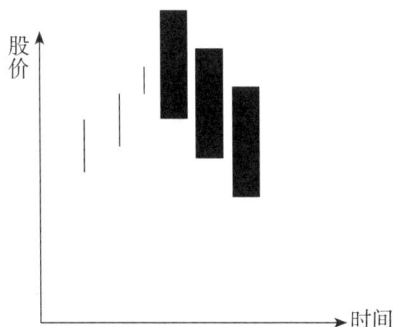

图4-10　三乌鸦

5.大阳线三根型与大阴线三根型

当股价出现连续三次向上跳空上涨时，说明买方势道已尽，是很强烈的卖出信号。典型的大阳线三根型，要求连续三日出现光头光脚阳线，次日的K线开盘价都高于前日的收盘价（如图4-11所示）。买方虽然全力推进股价上涨，但在三次向上跳空之后，其力量已消耗殆尽，卖方会趁机入市，股价必将下降。

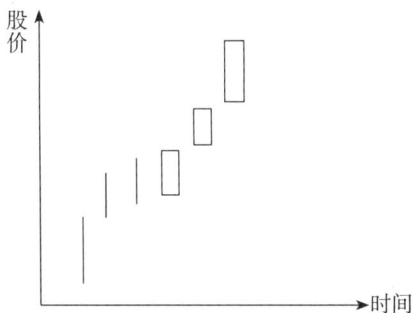

图4-11　大阳线三根型

反之，当股价出现连续三次跳空下降时，说明卖方势道已尽，是很强烈的买进信号（如图4-12所示）。卖方虽然全力使股价下跌，但在三次向下跳空之后，其力量已消耗殆尽，买方趁机入市，股价必将反弹。

6.上升和下降三法

上升三法提示的是买进信号。当股价上涨一段时间后，出现一根大阳线，紧接其后连续出现三根小阴（阳）线，这些小阴（阳）线沿当前趋势相反的方向或高或低地排列，并保持在前一根大阳线的最高和最低价之内，这表明股价正在蓄势待发，其后还将上涨，若随后又出现一根大阳线则更说明了这一点（如图4-13

所示）。股民应当利用这段行情回档的机会低价进货，待股价上涨后再抛出。

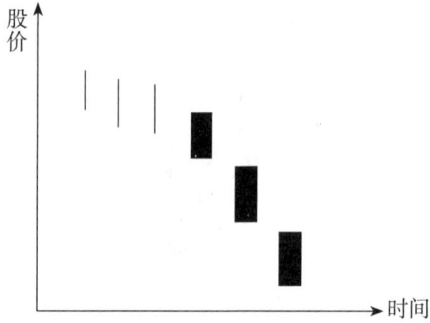

图 4-12　大阴线三根型

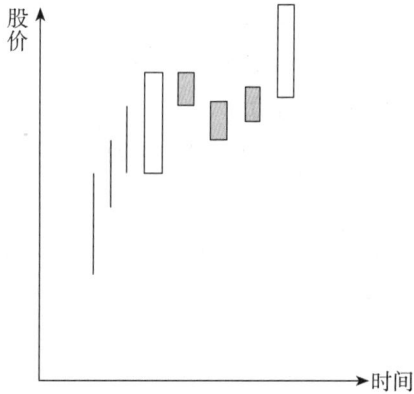

图 4-13　上升三法

下降三法提示的则是卖出信号。若行情持续下跌，先是出现一根大阴线，隔天却又连续出现三根小阳（阴）线，这一般并不说明股价已经反转，而是下跌趋势的暂时调整，若接下来又出现一根大阴线，则说明股价将继续下跌，投资者应及早出货（如图 4-14 所示）。

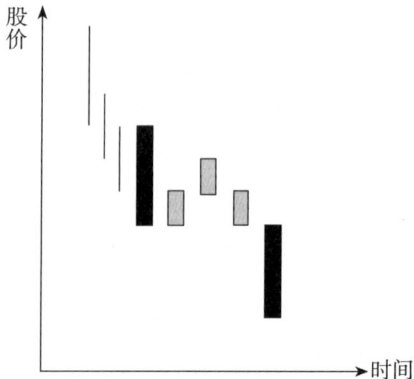

图 4-14　下降三法

三、实训案例

（一）K线识别

中天科技（600532）是一家在上海证券交易所上市的公司，其注册地址是江苏省南通市，主营业务是光纤通信、电力传输和新能源。2014年其主营业务收入行业排名第三，是一家资产质量好、盈利能力强的公司。其2015年5月29日的分时走势图是如图4-15所示，其K线是T字形的。

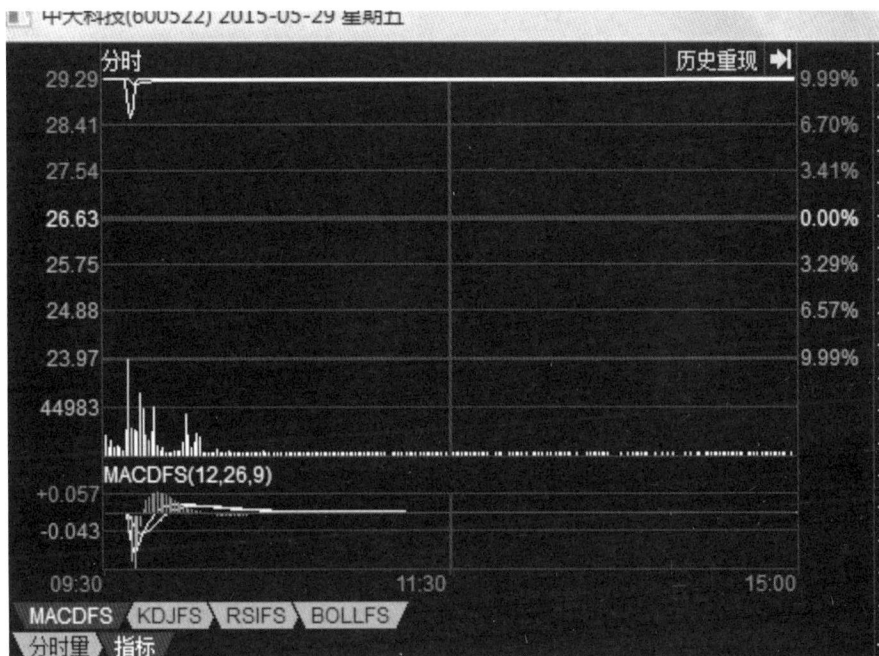

图4-15　中天科技2015年5月29日分时走势图

2015年5月29日，中天科技开盘涨停，上午有很短时间涨停打开，后面一直封在涨停板，所以出现T字形K线。如果没有涨停打开，全天封在涨停板，则会出现一字形K线。

图4-16是中天科技在2015年6月29日的分时走势图，其K线是一个光头光脚大阴线。

（二）K线组合识别

图4-17是中天科技的一个K线组合，时间是2015年4月，此后股价一路上行，达到32.68元/股的历史高位。

图4-18是一个黄昏之星的K线组合，股价在达到新高后，出现此K线组合，股价有一个明显的下调。

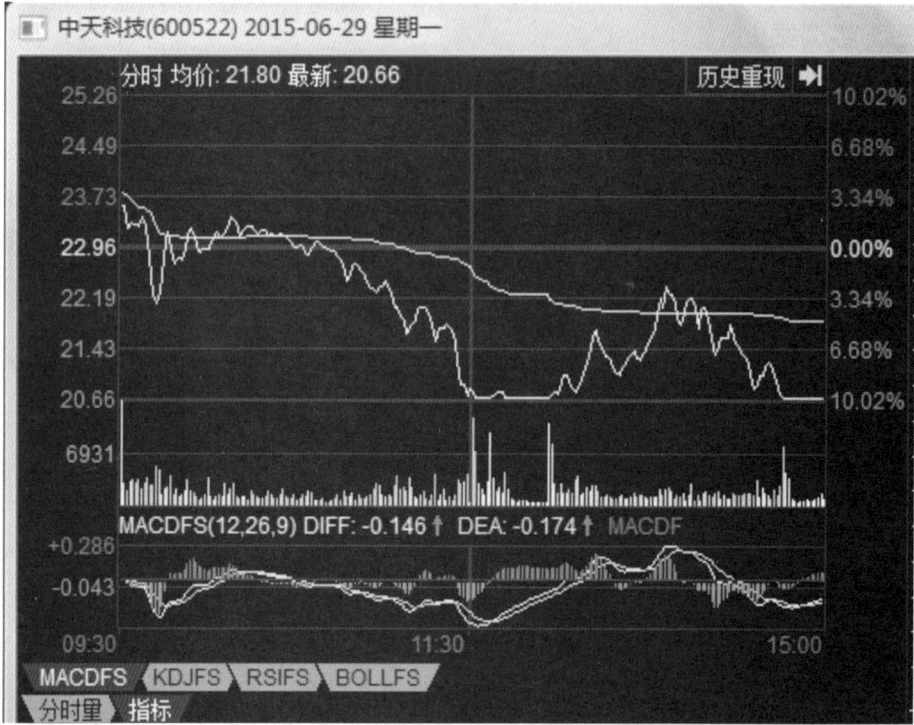

图4-16　中天科技2015年6月29日分时走势图

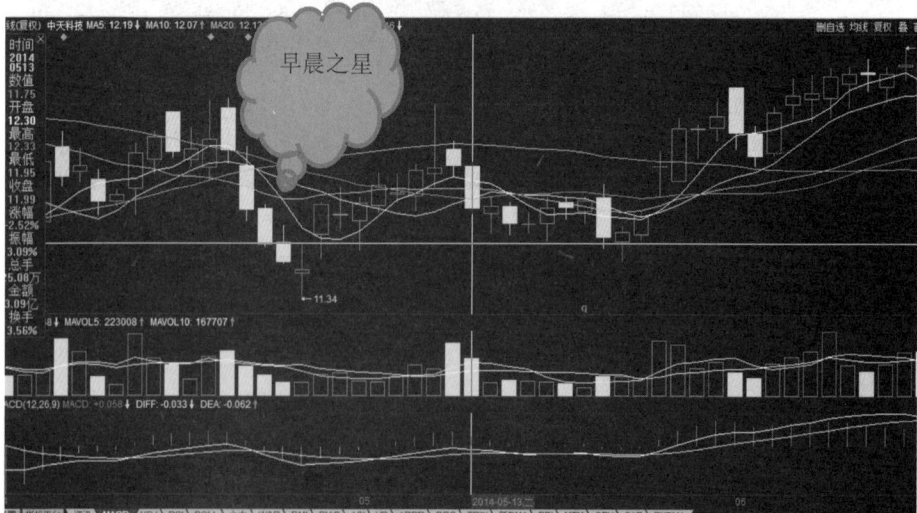

图4-17　中天科技4月K线走势图

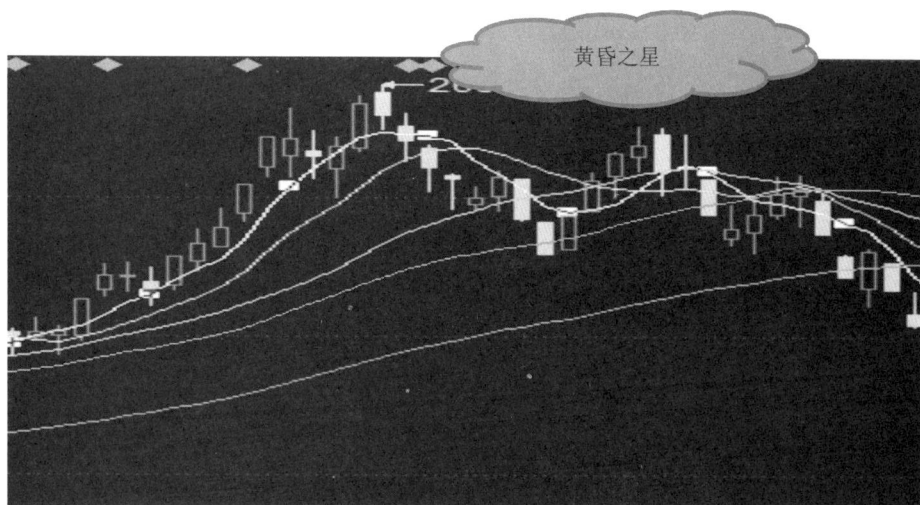

图 4-18　中天科技 5—6 月 K 线走势图

四、实训报告

（一）K 线的识别

（1）找出一只股票某天的分时走势图，其 K 线是倒 T 字形，贴在下面空白处。

（2）找出一只股票某天的分时走势图，其 K 线是光脚形，贴在下面空白处。

（3）找出一只股票某天的分时走势图，其 K 线是十字星形，贴在下面空白处。

（二）找到以下K线组合，并贴在空白处

（1）早晨之星。

（2）黄昏之星。

（3）三白兵。

（4）三乌鸦。

（5）倒锤线。

（6）射击之星。

（7）上升三法。

（8）下降三法。

第二节　切线理论分析

一、实训目的与要求

本实训的目的是使实训者掌握切线的概念和基本应用。通过本实训，要求能够识别支撑线和压力线，掌握支撑线和压力线的作用；能够绘制趋势线和轨道线，根据趋势线和轨道线的走势判断未来股价走势。

二、实训指南

（一）支撑线和压力线

把股价走势中两个高点连成一条直线，技术上称为压力线（如图4-19所示）。当股价上涨到某一价位附近时，便有投资者大量出货，使股价遇到压力而停止上涨，甚至回跌，向下调整，这就是技术分析上常说的股价触及压力线，压力线是表示股价能否继续突破上涨或反转下调的关键线。压力线如被突破，则是进货机会。

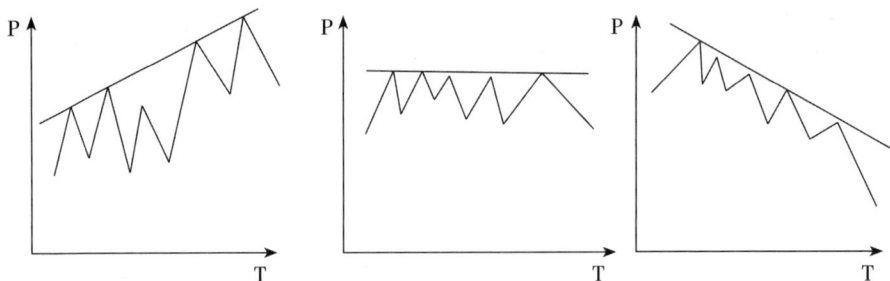

图4-19　压力线示意图

把股价走势中两个低点连成一条直线，技术上称为支撑线（如图4-20所示）。支撑线可被看作多头反攻的开始。支撑线是表示股价继续下跌或反弹向上的关键线。支撑线如果得到确认则是进货的机会；支撑线如被跌破，则是出货的信号。

（二）趋势线和轨道线

1.趋势线

（1）趋势线的确认。

趋势线用于衡量价格的趋势，由趋势线的方向可以明确地看出股价的趋势。在上升趋势中，将两个低点连成一条直线，就得到上升趋势线。在下降趋势中，将两个高点连成一条直线，就得到下降趋势线（如图4-21中直线所示）。

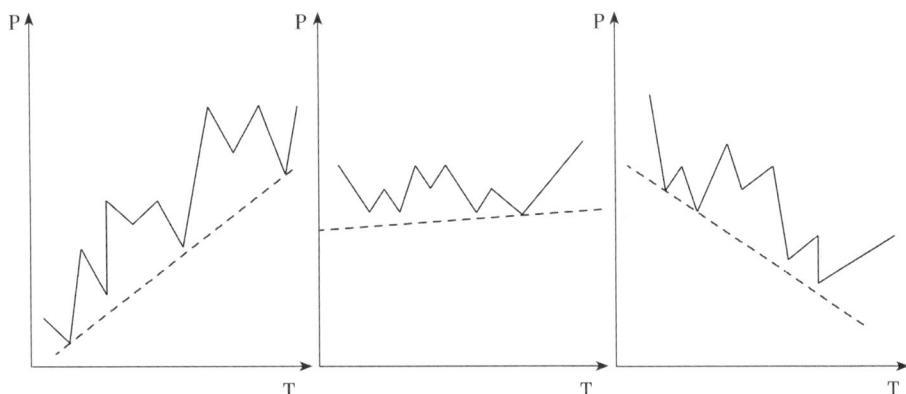

图 4-20　支撑线示意图

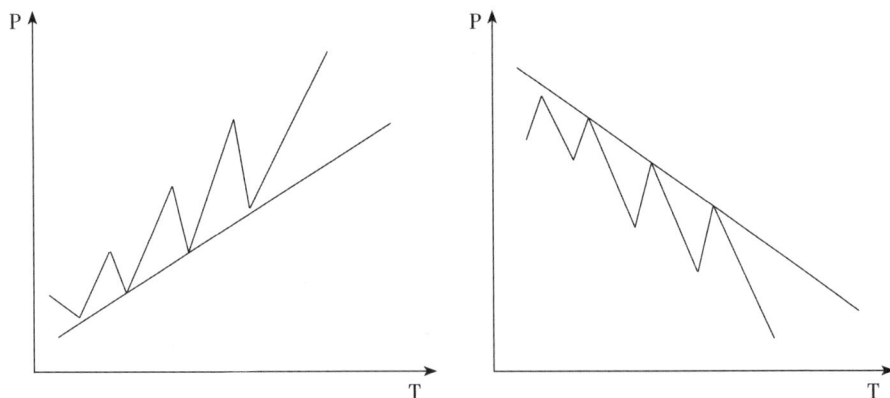

图 4-21　趋势线示意图

由图 4-21 可以看出，上升趋势线起支撑作用，下降趋势线起压力作用，也就是说，上升趋势线是支撑线的一种，下降趋势线是压力线的一种。在图上我们能很容易地画出趋势线，这并不意味着趋势线已经被我们掌握了。要得到一条真正起作用的趋势线，要经多方面的验证才能最终确认，不符合条件的一般应予以删除。

首先，必须确实有趋势存在。也就是说，在上升趋势中，必须确认出两个依次上升的低点，在下降趋势中，必须确认出两个依次下降的高点，才能确认趋势的存在，连接两个点的直线才有可能成为趋势线。其次，画出直线后，还应得到第三个点的验证才能确认这条趋势线是有效的。一般说来，所画出的直线被触及的次数越多，其作为趋势线的有效性越被得到确认，用它进行预测越准确有效。另外，这条直线延续的时间越长，就越具有有效性。

（2）趋势线的作用。

一条趋势线一经认可，下一个问题就是要使用这条趋势线来对股价进行预测。一般来说，趋势线有两种作用：

①对股价今后的变动起约束作用，使股价总保持在这条趋势线的上方（上升趋势线）或下方（下降趋势线）。实际上，就是起到支撑或压力作用。

②趋势线被突破后，就说明股价下一步的走势将要反转方向。越重要、越有效的趋势线被突破，其转势的信号越强烈。被突破的趋势线原来所起的支撑和压力作用，现在将相互交换角色，即原来是支撑线的，现在将起压力作用，原来是压力线的，现在将起支撑作用（如图4-22所示）。

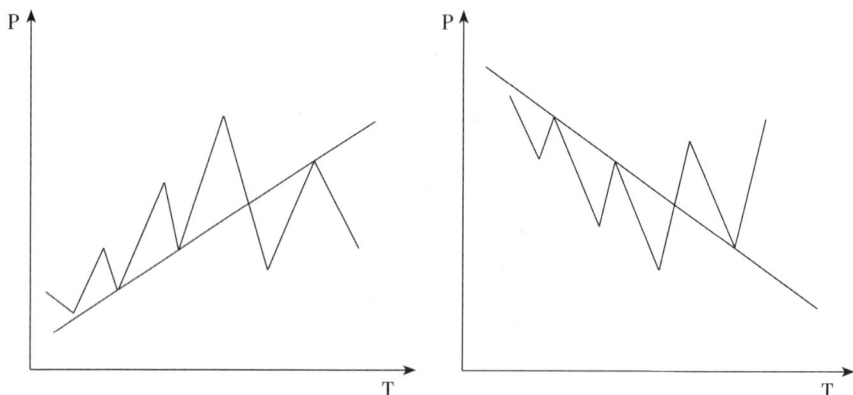

图4-22　趋势线被突破后的相反作用

（3）趋势线的突破。

应用趋势线最为关键的问题是：怎么才算对趋势线的突破？这个问题本质上是支撑线和压力线突破问题的进一步延伸。可以说没有一个截然醒目的数字告诉我们趋势线的突破，这里面包含很多的人为因素，或者说是主观成分。这里只提供几个判断是否有效的参考意见，以便在具体判断中加以参考。

①收盘价突破趋势线比日内最高最低价突破趋势线重要。

②穿越趋势线后，离趋势线越远，突破越有效。人们可以根据各只股票的具体情况，自己制定一个界限，一般使用突破的幅度，如3%、5%、10%等。

③穿越趋势线后，在趋势线的另一方停留的时间越长，突破越有效。很显然，只在趋势线的另一方停留了一天，肯定不能算突破。至少多少天才算，这又是一个人为的选择问题，一般是两天以上。

2.轨道线

（1）轨道线的画法。

轨道线又称通道线或管道线，是基于趋势线的一种线。在已经得到了趋势线后，通过第一个波峰和波谷可以作出这条趋势线的平行线，这两条平行线就是轨道线（如图4-23、图4-24中虚线所示）。

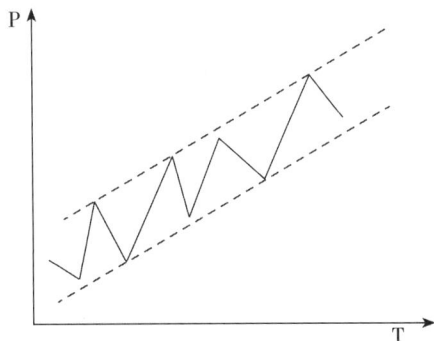

图4-23 上升轨道线示意图

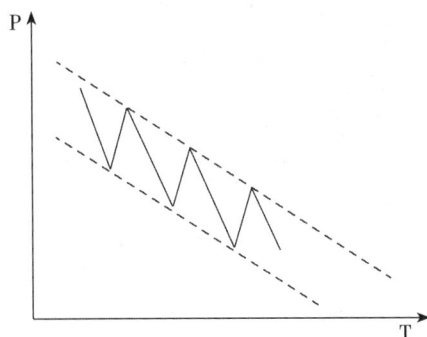

图4-24 下降轨道线示意图

两条平行线组成一个轨道,这就是常说的上升和下降轨道。轨道的作用是限制股价的变动范围。一个轨道一旦得到确认,那么价格将在这个通道里变动。

(2)轨道线的突破。

与突破趋势线不同,对轨道线的突破并不是趋势反向的开始,而是趋势加速的开始,即原来的趋势线的斜率将会增加,趋势线的方向将会更加陡峭(如图4-25所示)。

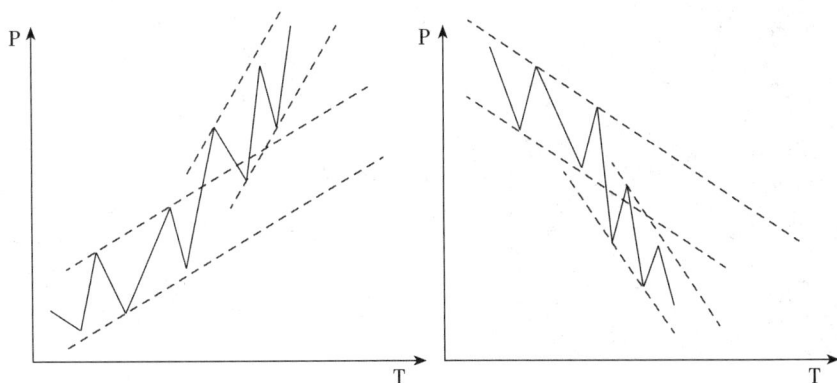

图4-25 趋势的加速

轨道线和趋势线是相互合作的一对。很显然，先有趋势线，后有轨道线。趋势线比轨道线重要得多。趋势线可以独立存在，而轨道线则不能。

三、实训案例

（一）压力线案例

新安股份（600596）是浙江一家生产草甘膦的企业，其股价在2014年8月到2015年8月间曾出现比较明显的压力线（如图4-26所示），2015年8月后，这条压力线被突破，股价开始出现上涨，直到2015年6月最高涨到21元。

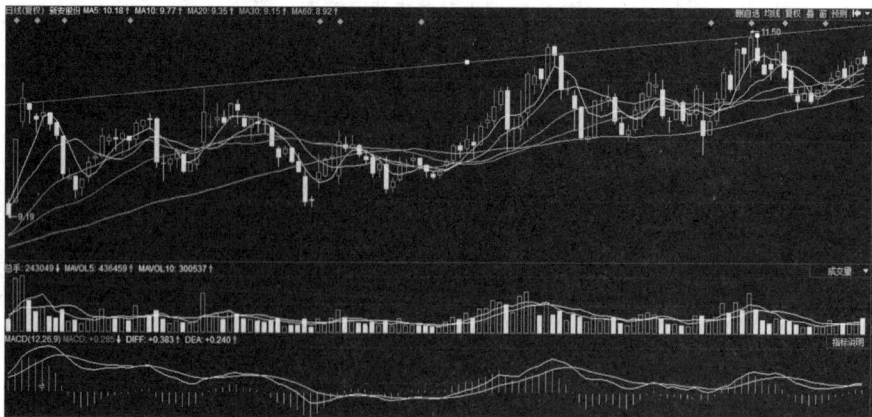

图4-26 新安股份（600596）日K线图

（二）支撑线案例

双环传动（002472）在2014年4—10月的股价运行如图4-27所示，股价逐步上涨，一直在支撑线上方运行。

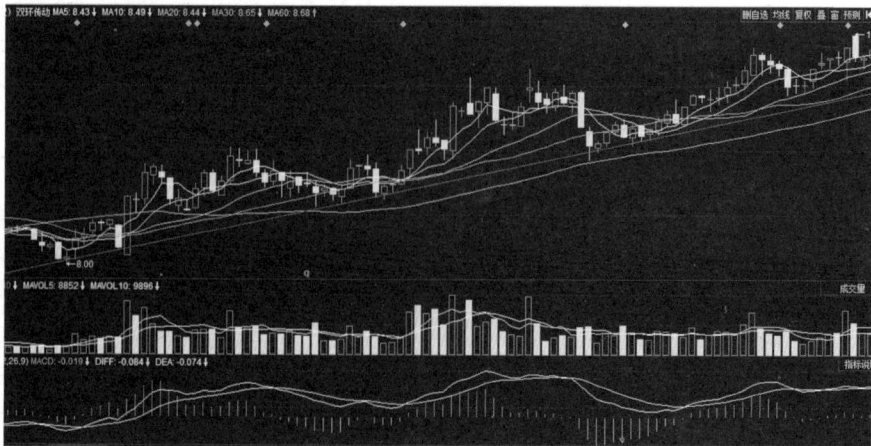

图4-27 双环传动（002472）日K线图

（三）轨道线案例

首航节能（002665）是一家注册地在北京、在深圳证券交易所上市的公司，主营业务是空冷系统的研发、设计、生产和销售。该公司股票在2012年8—11月形成了一个下降轨道，直到该轨道被突破，股价开始上升（如图4-28所示）。

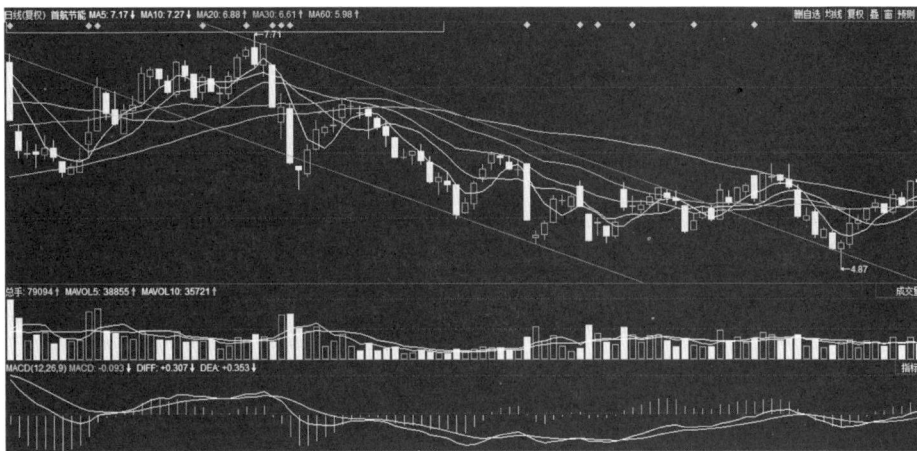

图4-28　首航节能（002665）日K线图

（四）支撑线和压力线的转换

中国人寿（601628）在2014年年底价格创新高以后，开始盘整，在30元左右获得支撑，后在2015年6月股灾中跌破支撑线，当前，支撑线转化为压力线（如图4-29所示）。

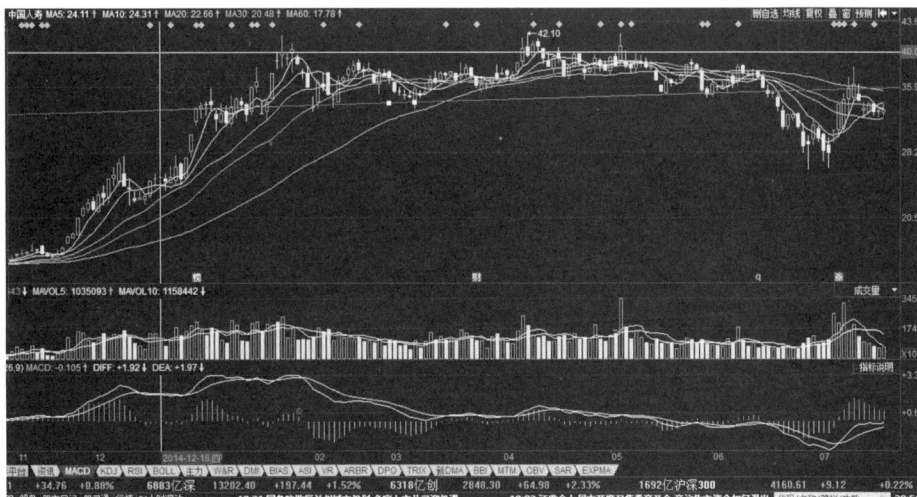

图4-29　中国人寿（601628）日K线图

四、实训报告

（一）支撑线和压力线的识别和作用分析

（1）找到一只股票，通过日 K 线，识别支撑线，并画出来贴在下面空白处。

（2）找到一只股票，通过日 K 线，识别压力线，并画出来贴在下面空白处。

（二）趋势线和轨道线的识别和作用分析

（1）绘制上升的趋势线和下降的趋势线。

（2）找一只现实中的股票，根据过去的 K 线，绘制典型的轨道线。

（三）趋势线和轨道线的运用

（1）找出上升趋势被突破的 K 线图，截图，粘贴到下面空白处。

（2）找出下降趋势被突破的 K 线图，截图，粘贴到下面空白处。

（3）找出上升趋势中轨道线被突破的 K 线图，截图，粘贴到下面空白处。

（4）找出下降趋势中轨道线被突破的 K 线图，截图，粘贴到下面空白处。

第三节　形态理论分析

一、实训目的与要求

本实训的目的是使实训者掌握上市公司行业的基本分类。通过本实训，能够对上市公司所处的行业进行分类，能够对行业的一般特征进行分析；能够寻找出市场的投资热点，对地区板块和热点板块进行关注和分析。

二、实训指南

形态理论是根据股价走势的具体形态来进行未来股价变动分析的一种技术分析方法。在股价走势各个不同的走势趋势及其阶段中，由于技术走势及市场情况的特殊变化，会出现各种各样的技术走势的形态，尽管这些形态各有特征，并且种类繁多，但经过技术分析专家的长年分析和整理，归纳出了一些有规律性的技术走势的类型。

技术走势形态主要分成两大类：

一类是反转形态。这种形态的图形表示股价的原有走势将要逆转，也就是将要改变原先的股价走势方向。反转形态的典型图形有双顶形、头肩形、直线形、碟形和 V 形等。

另一类是调整形态。这类形态的图形显示股价走势将要停顿下来作一些休整，并不改变原先的股价走势，经过一段时间的盘整，股价可能继续向原先的走势发展。调整形态的典型图形有三角形、旗形、小旗形、楔形、钻石形、长盒形等。

（一）反转形态

1.头肩形

头肩形是表示股价走势已经发展到顶点，并且将要逆转的一种最常见的形态。这种形态一般在持续上升一段相当长时间的牛市末期出现，或者在持续下降一段相当长时间的熊市末期出现。头肩形分为头肩顶形和头肩底形两种。

（1）头肩顶。

头肩顶由一个最高点（头）和两个次高点（左肩和右肩）组成。在头肩顶形中，由两个峰底连成的支撑线被称为颈线。颈线一旦被跌破，而且回抽无力再超过颈线，头肩顶形反转形态便形成（如图4-30所示）。

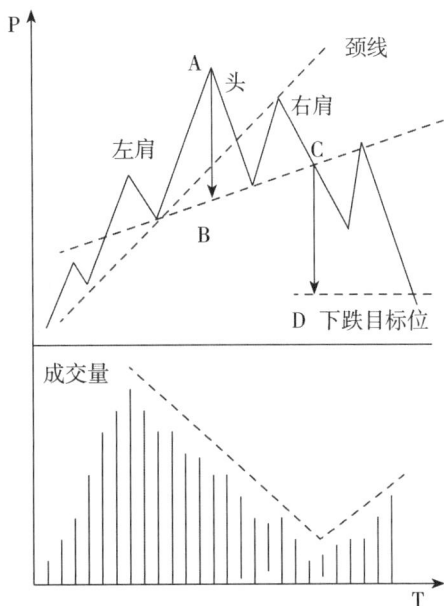

图4-30　头肩顶形示意图

在头肩顶形的图形中，交易量从左肩到右肩一直呈下降趋势。尤其是右肩形成后，交易量会有明显的下降，显示市场主力开始退出，股市买气减弱；当颈线跌破后，交易量增加，空方打压坚决，股票抛售力量大增，股价主要的上升趋势结束，下降趋势正式形成。这时，当出现技术性反弹时，交易量减少，显示反弹力量薄弱，股市一路下泻，下降幅度至少等于头到颈线的垂直距离，即CD=AB。投资者可在右肩形成后卖出手中持有的股票；颈线跌破时，继续卖出，直至清仓。

（2）头肩底。

头肩底由一个最低点（头）和两个次低点（左肩和右肩）组成，是头肩顶形的倒转（如图4-31所示）。

在头肩底形的图形中，由于市场见底回升，因此交易量逐步增加，从左肩到右肩，多头力量在增强；在突破颈线时，交易量骤增，走势则由熊市逐渐转为牛市；而未来的上升幅度至少等于头到颈线的垂直距离（CD=AB）。所以，投资者可以在右肩形成以后，进行建仓；颈线突破以后，增加持仓量，进行全面投资。

2.双重顶和双重底（如图4-32所示）

（1）双重顶。

双重顶图形的主要特点是两个最高点的高度相等，有时候股价在跌破颈线

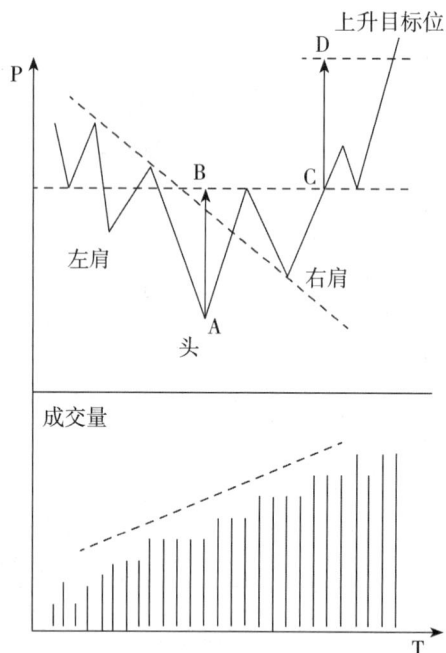

图4-31　头肩底形示意图

后出现回抽现象而产生平台，然后下降趋势才形成。双重顶有时会继续延长而变成三顶形或多顶形，这表示下降的阻力较大，但一旦突破颈线下降，则显示多头退出市场，买气减少，股价的移动轨迹就像M字形。这就是双重顶，又称M头走势，股价下降的幅度可能会较大。当第二个高点形成后，即是卖出的信号，颈线的突破是卖出的强烈信号。

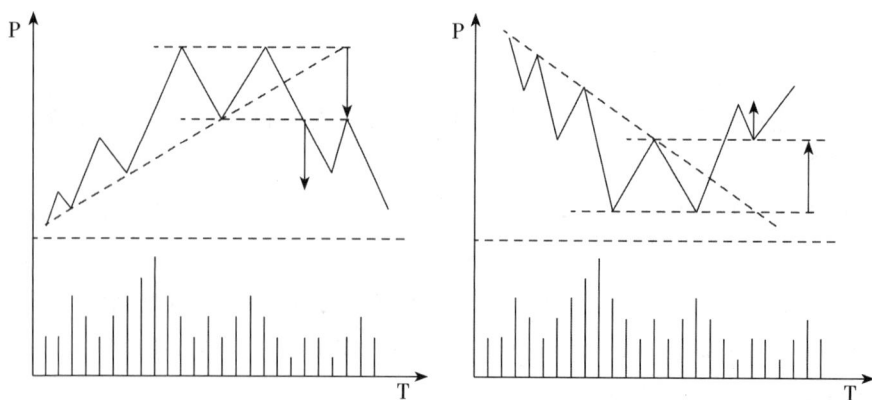

图4-32　双重顶和双重底示意图

（2）双重底。

双重底是市场见底的一种形态，当第二个低点形成后，便是买进的信号，颈线的突破是买进的强烈信号，因此交易量会逐步增大，表示投资者纷纷进场吸纳股票。双重底的进一步延伸会形成三底形。

3.圆弧形态（如图4-33所示）

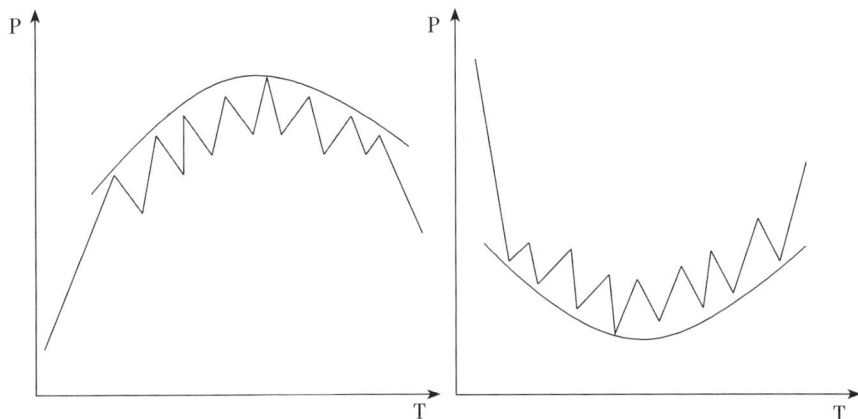

图4-33　圆弧顶与圆弧底示意图

（1）圆弧顶。

圆弧顶是市场见顶的一种走势形态，在市场见顶时，股价走势越来越疲软，上升趋势越来越弱，并且有缓慢下降的现象。在演变成快速下降走势之前，会有一个平台出现，股票交易量由大而变小，再由小变大。

（2）圆弧底。

圆弧底一般也会有平台出现，交易量的变化也是从大变小，再由小变大，在突破阻力线上升之时，是投资者建仓的良机。

4.V形反转

V形是表示股价走势在上升趋势或下降趋势的转势形态中变化幅度较大、速度较快的一种形态，它出现在市场动荡之中，底和顶只出现一次（如图4-34所示）。

这种形态一般在狂升或暴跌的股市中才会出现。V形反转形态是较难把握的一种走势发展形态。一般V形反转事先没有征兆，基本上都是由某些消息引起的，但消息是我们不可能预先知道的。

（二）调整形态

股价走势在上升或下降过程中，有时需要休整一下，在图形上就形成了调整形态。由于技术力量的变化和不同，因此调整形态会形成各种不同的形态，然而这种调整形态并没有改变原先股价走势的方向。

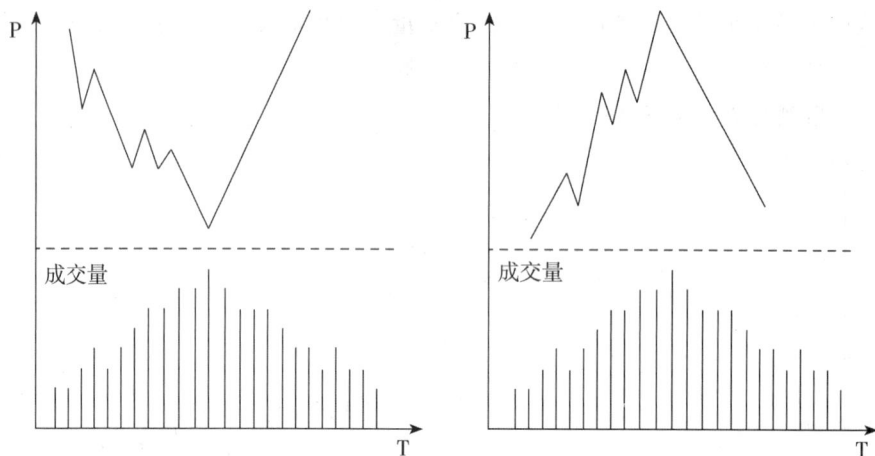

图4-34　V形顶和V形底示意图

1.三角形

通常情况下，三角形态属于持续整理形态。三角形的调整形态共分四种：对称三角形、上升三角形、下降三角形和倒置三角形。

（1）对称三角形表示在股价盘整中买卖双方的力量均衡，交易量由多到少；当股价按其原有趋势继续发展时，交易量会增加（如图4-35所示）。

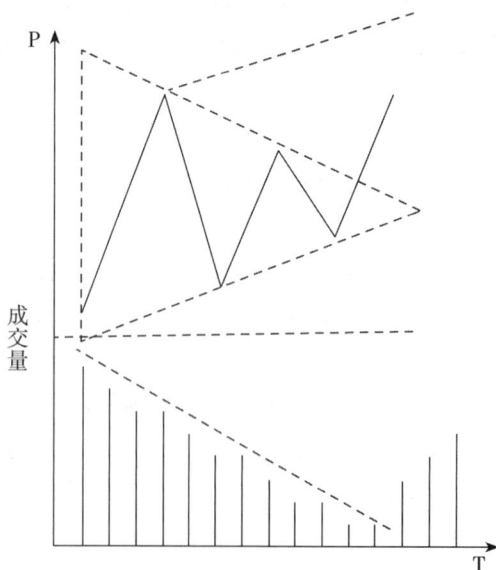

图4-35　对称三角形示意图

（2）上升三角形表示在股价盘整中买方的力量不断增强，交易量由大到小；当股价突破阻力线向上时，交易量增加，后市展望良好（如图4-36所示）。这种图形显示的是买进信号。

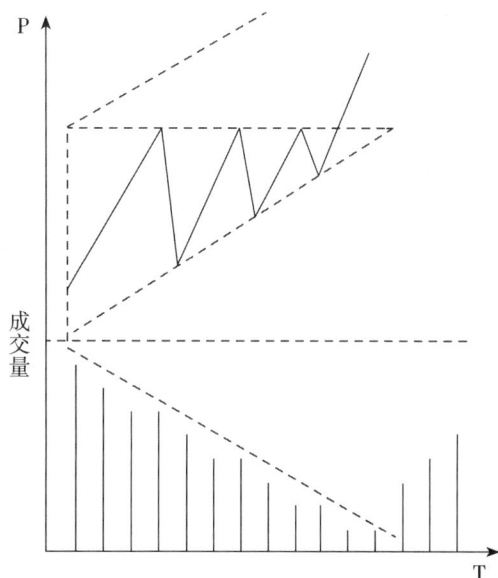

图 4-36 上升三角形示意图

（3）下降三角形表示在盘整中卖方的力量在不断增强，交易量由大到小；当股价突破支撑线向下时，交易量增加，后市展望不乐观（如图 4-37 所示）。

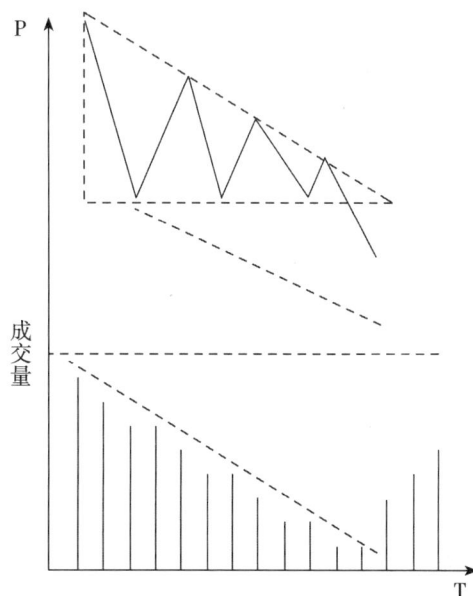

图 4-37 下降三角形示意图

（4）倒置三角形表示股价盘整走势极不稳定，其交易量不断下降，而股价波动幅度逐渐增大，后市走势不能确定（如图 4-38 所示）。

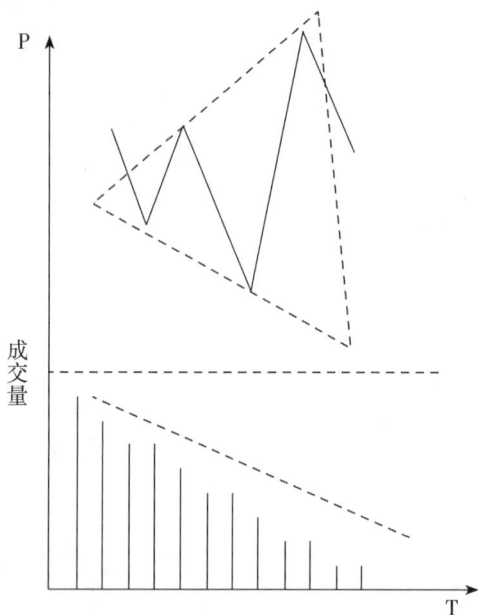

图4-38　倒置三角形示意图

2.旗形

在股价走势中，出现小幅度的方向相反的调整形态，类似于长方形，称为旗形。旗形有上升旗形和下降旗形两种。

（1）上升旗形是一种在股价上升的走势中出现向下调整的长方形，表示交易量由大变小，股价突破阻力线后，交易量大增；上升幅度是原突破点到旗杆最高点的垂直距离，即CD=AB（如图4-39所示）。

上升旗形是后市展望良好的一种调整形态，因而当股价突破阻力线向上时，是买进的信号。

（2）下降旗形是一种在股价下降的走势中出现向上调整的长方形，表示交易量由大变小，股价突破支撑线以后，交易量大增；下降幅度是原突破点到旗杆最低点的垂直距离，即CD=AB（如图4-40所示）。

下降旗形是后市展望不佳的一种调整形态，因而当股价突破支撑线向下时，是卖出的信号。

3.楔形和菱形

（1）楔形。

在股价走势中，出现一种类似楔形的整理形态，其外形类似既不对称也没有直角的三角形。楔形可分成上升楔形和下降楔形两种。

上升楔形是在股价下降走势中常出现的一种调整形态。这种形态提示后市

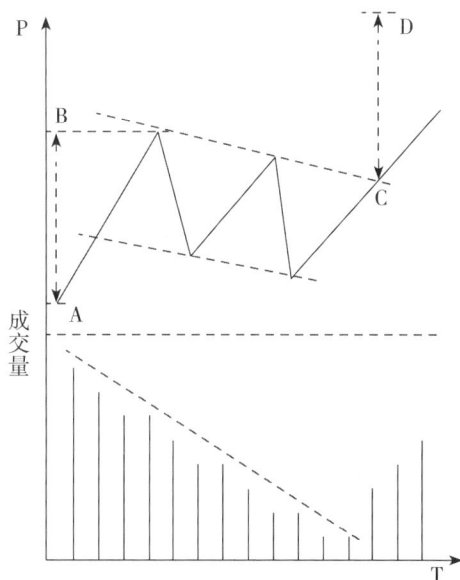

图 4-39 上升旗形示意图

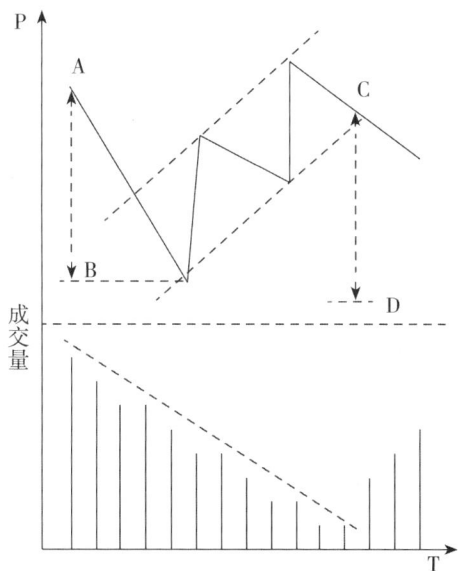

图 4-40 下降旗形示意图

走势不乐观，是一种表示可以卖出的图形（如图 4-41 所示）。

下降楔形是在股价上升走势中常出现的一种调整形态。这种形态提示后市走势良好，是一种表示可以买进的图形（如图 4-42 所示）。

（2）菱形。

菱形也叫钻石形，它是由两个对称三角形合并组成的一种调整形态。这是

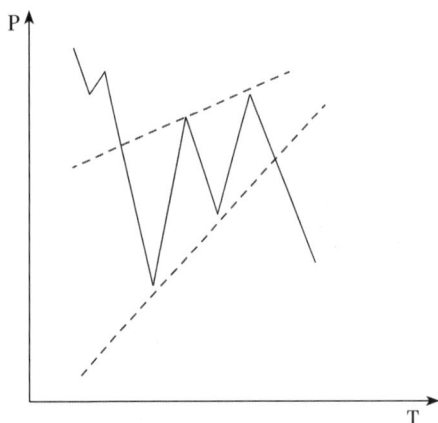

图 4-41 上升楔形

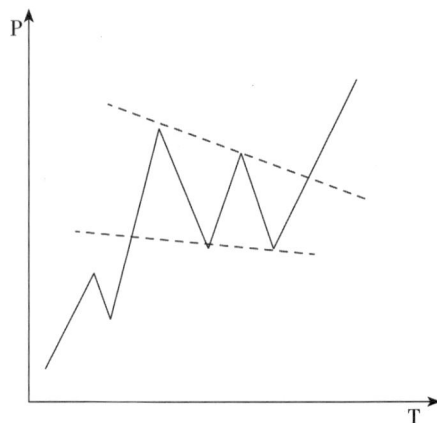

图 4-42 下降楔形

显示股价在调整期间变化很大，市场走势不稳定，因而后市展望不确定的一种调整形态。

菱形的测算是以菱形的最宽处的高度为形态高度的，今后下跌的深度从突破点算起，至少有一个形态的高度（如图 4-43 所示）。

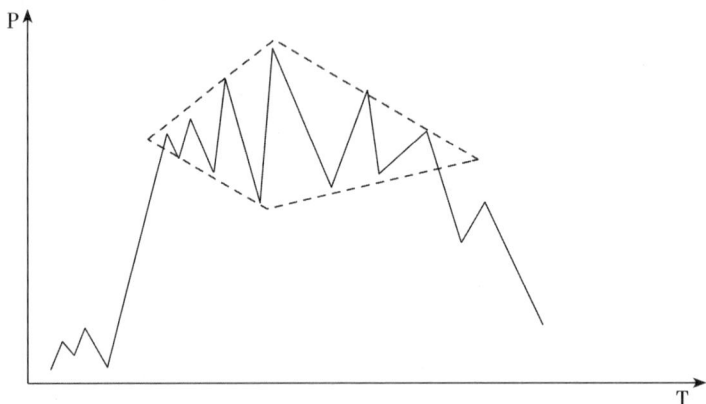

图 4-43 菱形（钻石形）示意图

三、实训案例

（一）多翻空的 V 形反转

图 4-44 是中国人寿在 2007 年股市逆转时的形态图，属于 V 形反转。

（二）头肩顶

特变电工在 2008—2011 年走出了一个头肩形的顶，如图 4-45 所示。

（三）空翻多的 V 形反转

图 4-46 是一个 V 形反转的底部形态。

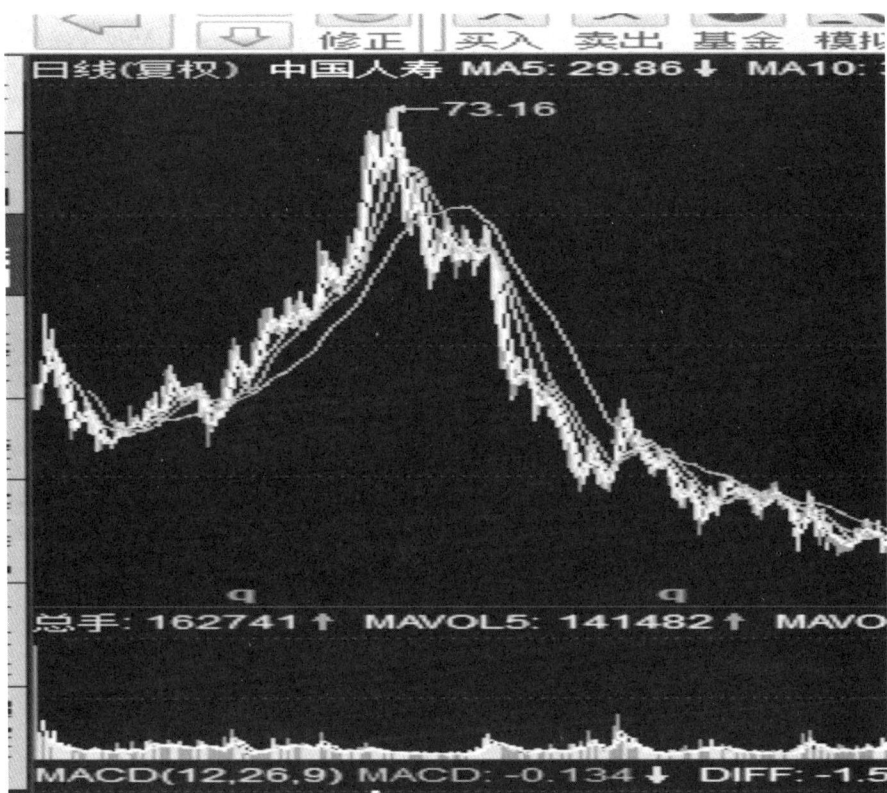

图4-44　中国人寿在2007年股市逆转时的形态图

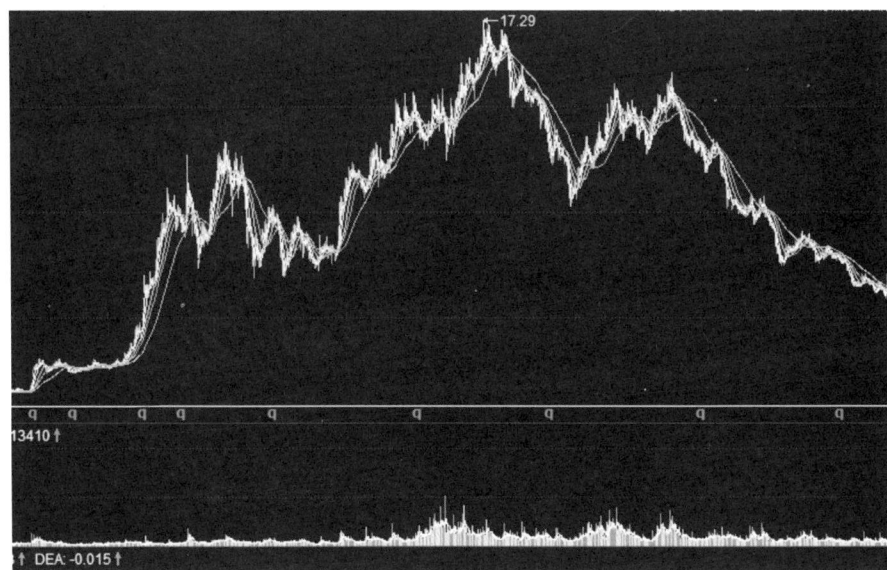

图4-45　特变电工在2008—2011年走出了一个头肩形的顶

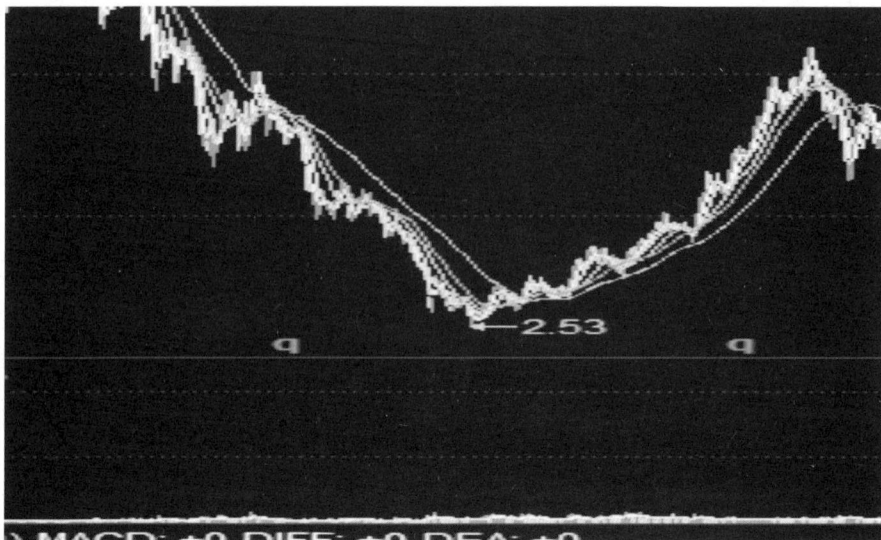

图4-46　V形反转的底部形态

四、实训报告

（一）反转形态的识别和运用

（1）找出大盘的头肩顶形和头肩底形反转形态，并截图，贴在下面空白处，画出相应的辅助线，并对图形进行说明。

（2）找出双重顶和双重底形反转形态，贴在下面空白处，画出相应的辅助线，并对图形进行说明。

（3）找出 V 形反转的两种形态，贴在下面空白处，画出相应的辅助线，并对图形进行说明。

（4）找出圆弧底和圆弧顶形态，贴在下面空白处，画出相应的辅助线，并对图形进行说明。

（二）持续整理形态的识别、辨析和运用

（1）找出三角形的整理形态，并说明是水平三角、上升三角还是下降三角形，复制粘贴于下面空白处。

（2）找出上升旗形和下降旗形，并复制粘贴于下面空白处。

（3）找出菱形或楔形，并绘制辅助线，复制并粘贴于下面空白处。

第四节 技术指标分析

实训项目一 均线理论分析

一、实训目的与要求

本实训的目的是使实训者掌握移动平均线（MA）、平滑异同移动平均线（MACD）指标的基本应用。通过本实训，要求理解移动平均线的特征，能够辨析移动平均线的作用，运用移动平均线判断股价走势；能够辨析平滑异同移动平均线的作用，运用平滑异同移动平均线判断未来股价走势。

二、实训指南

（一）移动平均线（MA）

1.MA的定义和特征

MA是指用统计分析的方法，将一定时期内证券价格（指数）加以平均，并把不同时间的平均值连接起来，形成一条移动平均线，用以观察证券价格变动趋势的一种技术指标。

MA具有以下特征：

（1）追踪趋势；

（2）稳定性；

（3）滞后性；

（4）支撑线和压力线的特征。

MA上述特征力度的大小与所选参数有关。参数选择得越大，上述特征就越明显。

2.MA的应用

一般情况下，投资者可以利用短期和长期两种移动平均线的交叉情况来决定买进和卖出的时机。当股价站稳在长期与短期 MA 之上，短期 MA 又向上突破长期 MA 时，此种交叉被称为"黄金交叉"，为买进信号；反之，若股价位于长期与短期 MA 之下，短期 MA 又向下突破长期 MA 时，此种交叉被称为"死亡交叉"，为卖出信号（如图4-47所示）。黄金交叉和死亡交叉，实际上就是向上突破压力线或向下突破支撑线后趋势将反转。

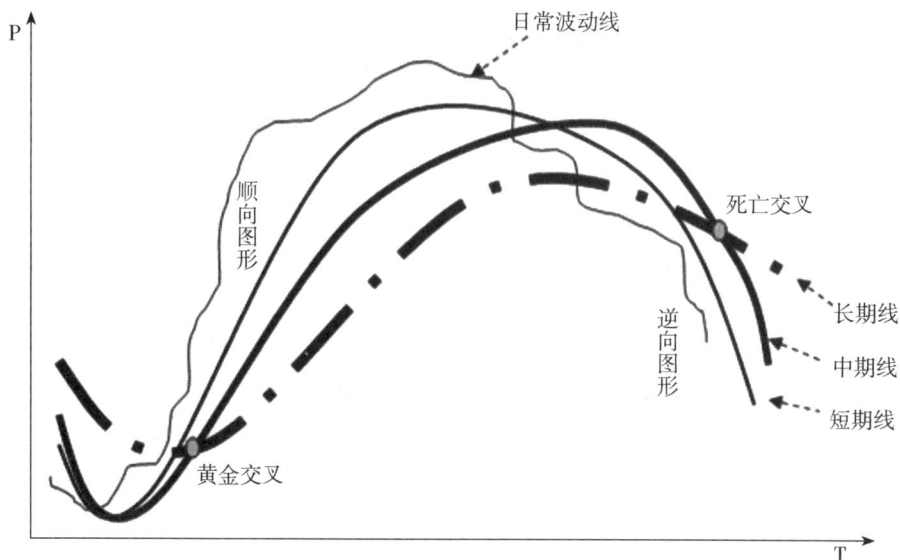

图4-47　黄金交叉和死亡交叉

（二）平滑异同移动平均线（MACD）

MACD 是利用快速移动平均线和慢速移动平均线，在一段上涨或下跌行情中两线之间的差距拉大，而在涨势或跌势趋缓时两线又互相接近或者交叉的特征，通过双重平滑运算后研判买卖时机的技术指标。MACD 图的构成在不同的分析软件中有所不同，一般由快线（DIF）、慢线（DEA 或 MACD）、0 轴和柱状线（DIF-DEA）构成。

MACD 的应用法则：

以 DIF 和 DEA 的取值和这两者之间的相对取值对行情进行预测。

其应用法则如下：

①当 DIF 由下向上突破 MACD，形成黄金交叉，即白色的 DIF 上穿黄色的 MACD 形成交叉，同时 BAR（绿柱线）缩短，为买入信号（如图4-48所示）。

②当 DIF 由上向下突破 MACD，形成死亡交叉，即白色的 DIF 下穿黄色的 MACD 形成交叉，同时 BAR（红柱线）缩短，为卖出信号（如图4-49所示）。

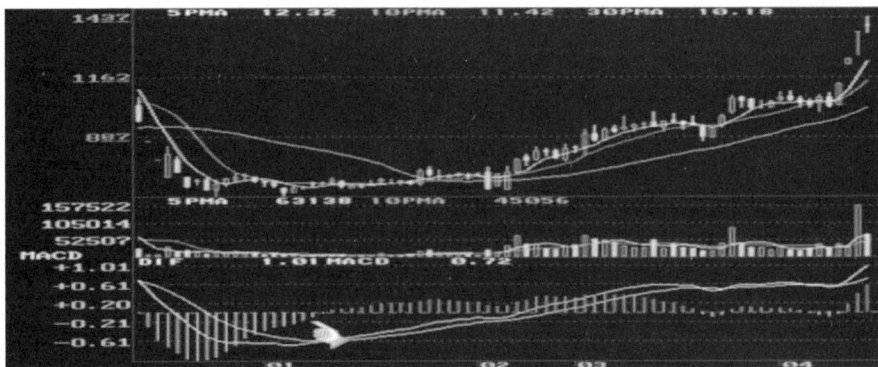

图 4-48　DIF 由下向上突破 MACD 图

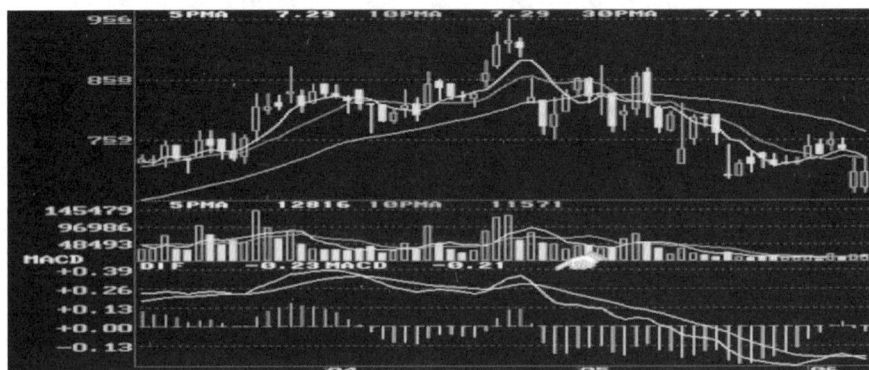

图 4-49　DIF 下穿黄色 MACD 图

③顶背离。

当股价指数逐波升高，而 DIF 及 MACD 不是同步上升，而是逐波下降，与股价走势形成顶背离，预示股价即将下跌。如果此时出现 DIF 两次由上向下穿过 MACD，形成两次死亡交叉，则股价将大幅下跌（如图 4-50 所示）。

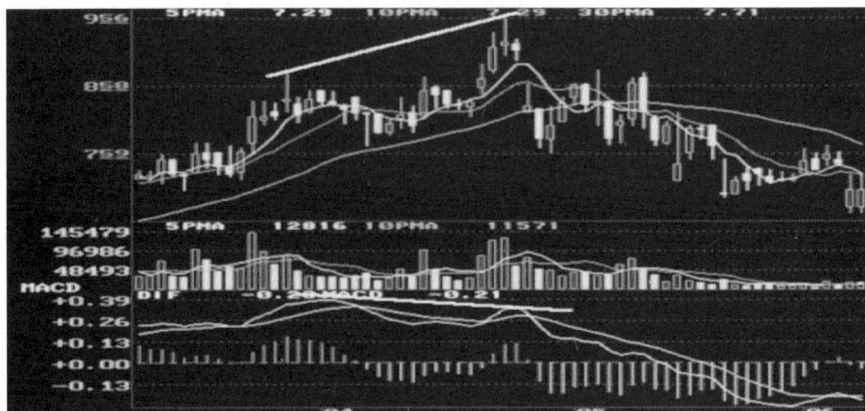

图 4-50　K 线顶背离图

④底背离。

当股价指数逐波下行，而 DIF 及 MACD 不是同步下降，而是逐波上升，与股价走势形成底背离，预示着股价即将上涨。如果此时出现 DIF 两次由下向上穿过 MACD，形成两次黄金交叉，则股价即将大幅度上涨（如图 4-51 所示）。

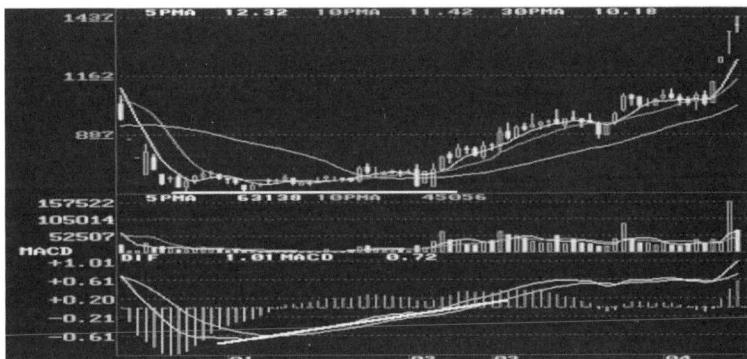

图 4-51　K 线底背离图

MACD 主要用于对大势中长期的上涨或下跌趋势进行判断，当股价处于盘局或指数波动不明显时，MACD 买卖信号较不明显。

三、实训案例

（一）黄金交叉

图 4-52 是晋亿实业（601002）2010 年时的 K 线。白线为 5 日线，黄线为 10 日线，紫红的线为 20 日线，绿线为 30 日线，蓝线为 50 日线。

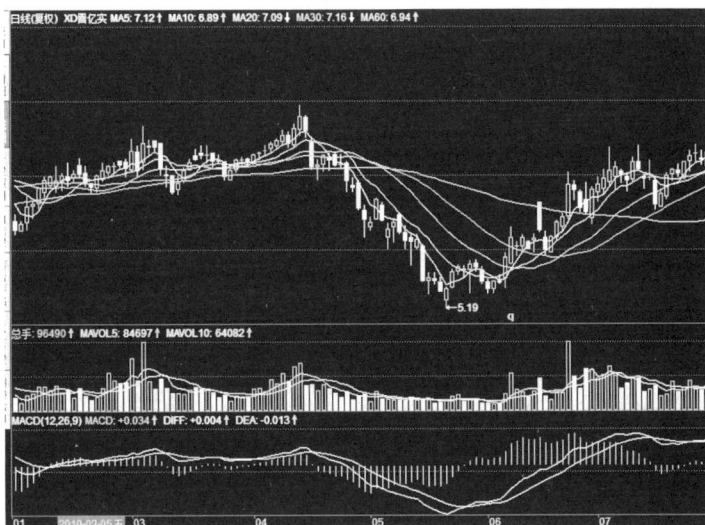

图 4-52　晋亿实业（601002）2010 年 K 线

图 4-52 中绿线上穿蓝线的点为黄金交叉，下面为 MACD 线，DIF 上穿 MACD 的点为买入点。2010 年 5 月 21 日跌到最低点 5.19，5 月 26 日 5 日线上穿 10 日线，同时 DIF 上穿 MACD 线，从 MACD 指标来说，是一个买点，经过不到 1 年的时间，股价涨到 31 元。

（二）顶背离

图 4-53 是界龙实业在 2015 年 5—6 月的 K 线和 MACD 线，上面是一个顶背离的情形，此后从 2015 年 6 月 19 日开始，股市经历了连续的大跌，该股也随之大跌。

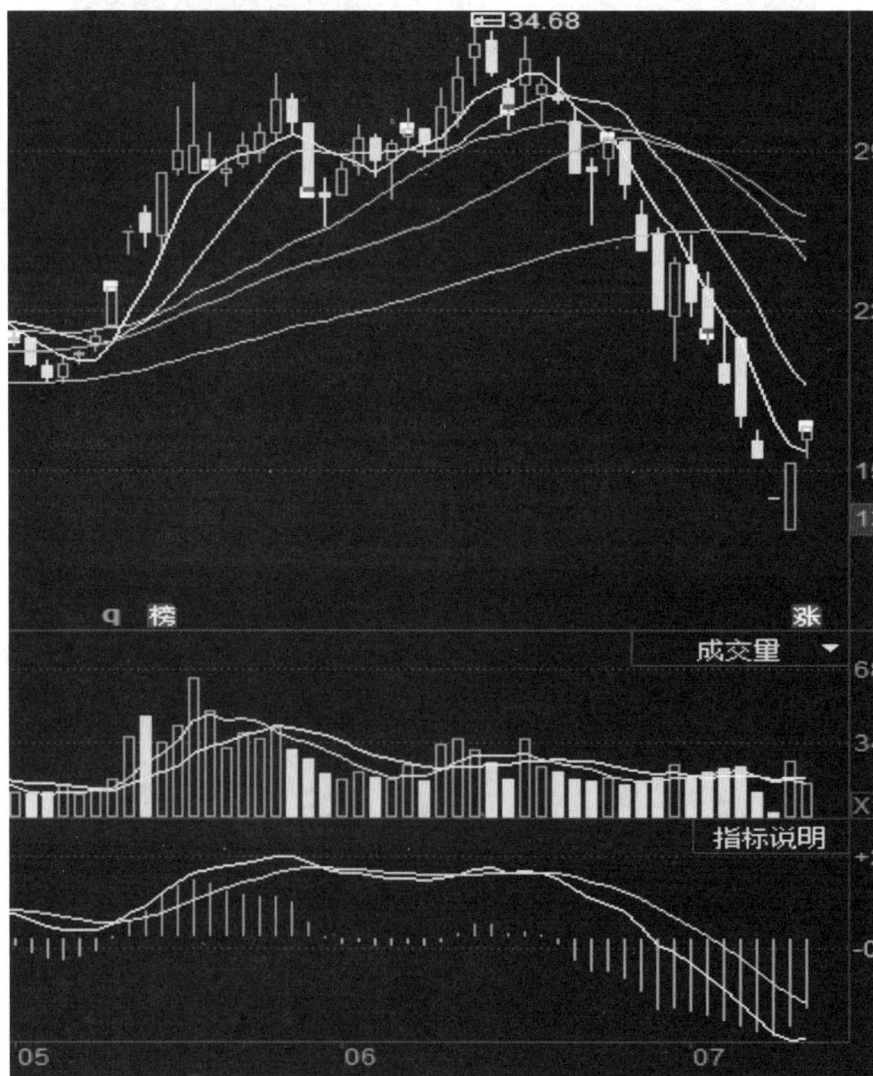

图 4-53　界龙实业在 2015 年 5—6 月的 K 线和 MACD 线

四、实训报告

（一）移动平均线（MA）指标运用

（1）找到一只股票的均线图，下载图形，标明黄金交叉，并贴于下面空白处。

（2）找到另一只股票的均线图，下载图形，标出死亡交叉，并贴于下面空白处。

（二）平滑异同移动平均线（MACD）

（1）找到一只股票的均线和MACD指标图，找出黄金交叉的买入点，并贴在下面空白处。

（2）找到一只股票的均线和MACD指标图，找出死亡交叉的卖点，并贴在下面空白处。

（3）找出一个典型的顶背离情况图，并贴于下面空白处。

（4）找出一个典型的底背离情况图，并贴于下面空白处。

实训项目二　相对强弱指数

一、实训目的与要求

本实训的目的是使实训者掌握相对强弱指数（RSI）的概念、原理和基本应用。通过本实训，要求理解相对强弱指数的特征，能够掌握相对强弱指数的应用原则，运用相对强弱指数判断股价走势。

二、实训指南

（一）相对强弱指数（RSI）

RSI是采用某一时期（N天）内收盘价每天的涨跌大小来反映这一时期内多空力量的强弱对比。它是N日内股价（股价指数）累计升幅占N日内股价（股价指数）升幅累计值与跌幅累计值之和的比例。RSI（N）有两个极限值：0和100。如N日股价全部上升，则RSI为100；如N日股价全部下降，则RSI为0。

图4-54中N的取值为（6，12，24）。

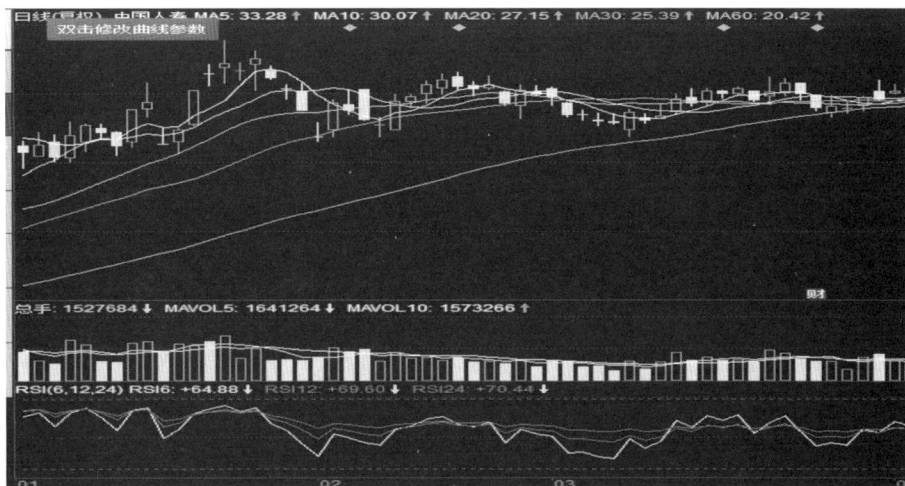

图4-54 中国人寿RSI图

RSI选用的天数越少，曲线变化越频繁；选用的天数越多，曲线变化越相对平稳。

（二）RSI的应用法则

（1）RSI超过50，表明市场进入强势；RSI低于50，表明市场处于弱市；RSI高于80，表明市场超买严重；RSI低于20，表明市场超卖严重。

（2）交叉信号：短期RSI在20以下水平，由下往上交叉长期RSI时，为买进信号；短期RSI在80以上水平，由上往下交叉长期RSI时，为卖出信号。

（3）盘整时，RSI一底比一底高，多头强势，后市可能续涨，应买进；反之，是卖出信号。

（4）背驰信号：从RSI与股价的背离方面判断行情：

①RSI处于高位，并形成一峰比一峰低的两个峰，而此时股价对应的是一峰比一峰高，这叫顶背离信号。股价这一涨是最后的衰竭动作，这是比较强烈的卖出信号。

②RSI处于低位，并形成两个依次上升的谷底，而此时股价却还在下跌，这叫底背离信号。股价这一跌是最后一跌，这是可以开始建仓的信号。

三、实训案例

打开同花顺软件，找到双环传动（002472），在左下角点击RSI指标，最下方即出现该股票的RSI指标曲线，两条虚线分别代表80和20，超过80，表示市场超买，跌破20，表示市场超卖（如图4-55所示）。

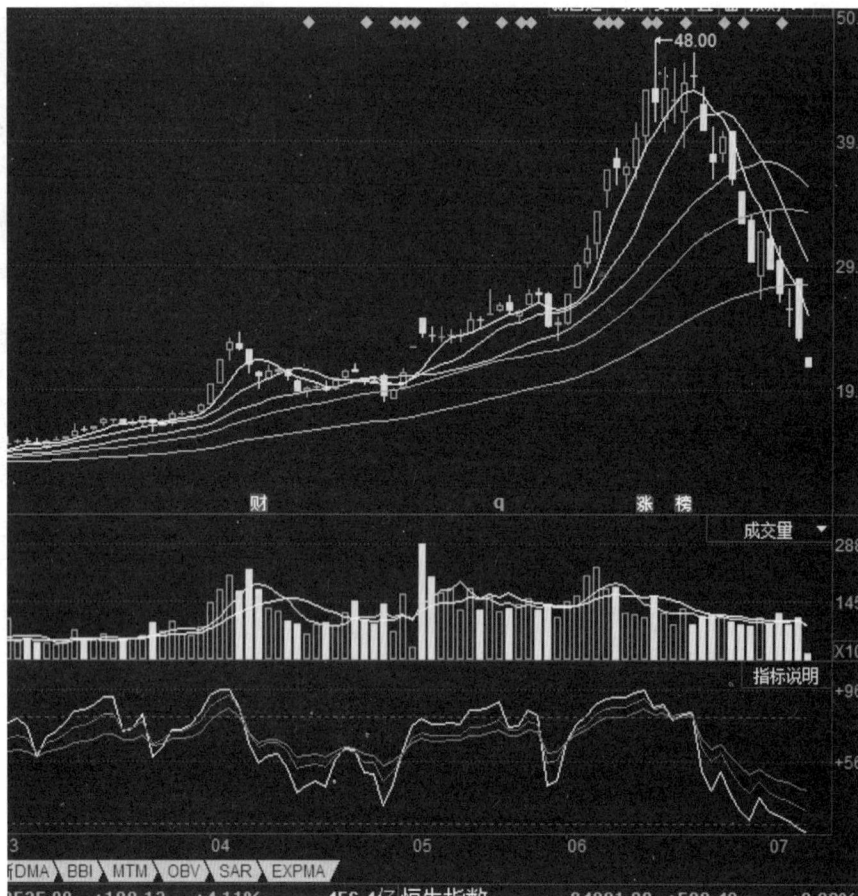

图 4-55 双环传动 RSI 图

四、实训报告

（1）找出当日主板市场 5 只股票的 RSI 值、创业板市场 5 只股票的 RSI 值和中小板市场 5 只股票的 RSI 值，填入表 4-1 中。

（2）在主板市场找出一只股票 K 线图符合 RSI 指标买进的情况，请附图并说明原因。

表4-1   RSI值记录表

板块	股票名称	股票代码	RSI
主板			
创业板			
中小板			

（3）在创业板市场找出一只股票K线图符合RSI指标卖出的情况，请附图并说明原因。

（4）找出RSI顶背离的情况，请附图。

（5）找出 RSI 底背离的情况，请附图。

实训项目三　威廉指标分析

一、实训目的与要求

本实训的目的是使实训者掌握威廉指数（WMS%或%R）的概念、原理和基本应用。通过本实训，要求理解威廉指数的特征，能够掌握威廉指数的应用原则，运用威廉指数判断股价走势。

二、实训指南

（一）威廉指数的概念

威廉指数（WMS%或%R）全称威廉超买、超卖指数，亦是反映买卖双方力量强弱的技术指标。

$$\%R = \frac{Hn - C}{Hn - Ln}$$

其中：C——当日收市价；Hn——n 日最高价；Ln——n 日最低价，n——一般取 14 日或 20 日。

（二）应用法则

威廉指数在 0~100 之间变化。由上面的公式可知，当目前收市价越接近 N 日内最高价时，威廉指数越小，超买严重，应当卖出；而当目前收市价越接近 N 日内最低价时，威廉指数越大，应考虑买入。一般判断规则如下：

（1）取值为 0~100，50 为轴，%R>50，行情处于弱势；%R<50，行情处于强势。威廉指数越小，市场买气越重；反之，市场卖气越重。

（2）%R 上升至 20 以上，超买，即将见顶，应及时卖出；下跌至 80 以下，超卖，即将见底，应伺机买入。

三、实训案例

图 4-56 是双环传动近期的威廉指数情况。在日 K 线图中，点击 W&R 下方就会出现该股票的威廉指数情况，威廉指数和相对强弱指数正好相反，0 表示多头，100 表示空头。所以，上面虚线表示 20，下面虚线表示 80，小于 20 表示超买，大于 80 表示超卖。

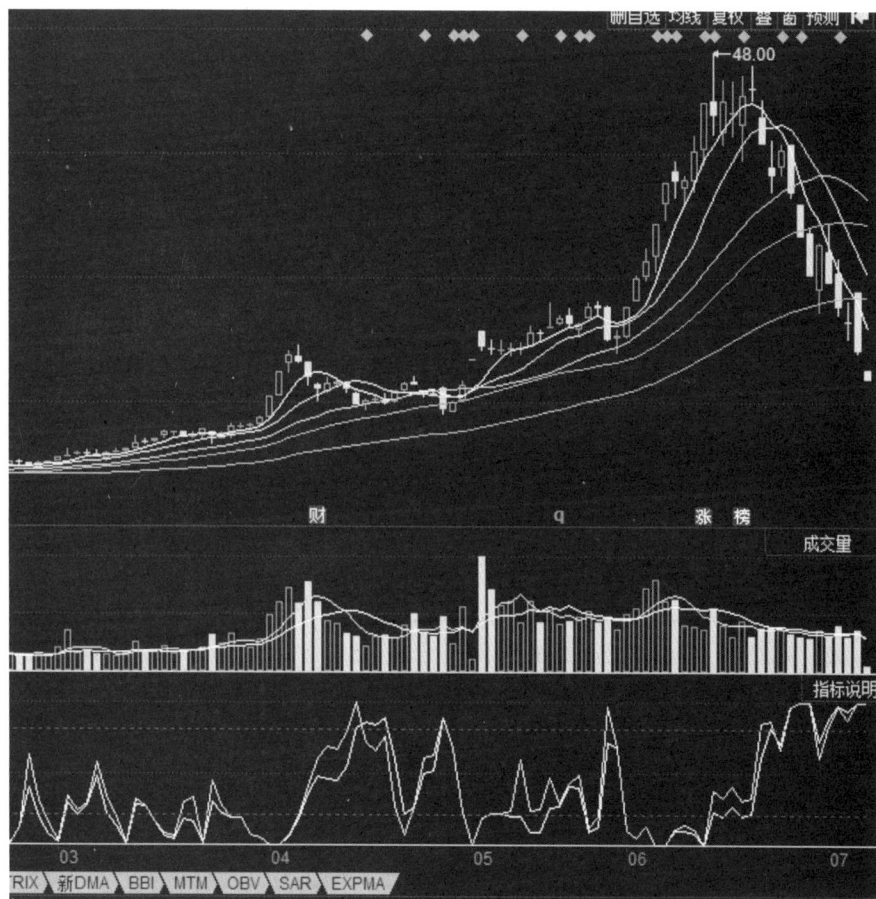

图 4-56　双环传动威廉指数图

四、实训报告

（1）找出当日主板市场 5 只股票的 %R 值、创业板市场 5 只股票的 %R 值和中小板市场 5 只股票的 %R 值，填入表 4-2 中。

表4-2 　　　　　　　　　　　　%R值记录表

板块	股票名称	股票代码	%R
主板			
创业板			
中小板			

（2）在市场找出一只股票K线图符合WMS%指标买进的情况，请附图并说明原因。

（3）在市场找出一只股票K线图符合WMS%指标卖出的情况，请附图并说明原因。

实训项目四　随机指数

一、实训目的与要求

本实训的目的是使实训者掌握随机指数（KDJ）的概念、原理和基本应用。通过本实训，要求理解随机指数的特征，能够掌握随机指数的应用原则，运用随机指数判断股价走势。

二、实训指南

（一）随机指数的概念

随机指数（KDJ）是研究判断股市中收盘价、最高价、最低价的波动及相互关系的一种指数。在产生 KDJ 之前，先计算产生未成熟随机值（RSV）。

$$RSV（N）= \frac{第N日股市收盘价 - N日内股市最低价}{N日内股市最高价 - N日内股市最低价}$$

RSV 值在 0～100 之间变化，根据 RSV（N）进行指数平滑得到 K 值，对 K 进行指数平滑就得到 D 值，对 K 值和 D 值进行指数平滑得到 J 值。将计算出的 K、D、J 值连成平滑的曲线得到随机指数线。

（二）应用法则

（1）超买、超卖区域的判断：K 值在 80 以上、D 值在 70 以上为超买的一般标准。K 值在 20 以下、D 值在 30 以下为超卖的一般标准。

（2）背离判断：当股价走势一峰比一峰高时，随机指数曲线一峰比一峰低或股价走势一底比一底低时，随机指数曲线一底比一底高，这种现象被称为背离。随机指数与股价走势背离时，一般为转势的信号，表明中期或短期走势已到顶或见底，此时应选择正确的买卖时机。

（3）K 线和 D 线交叉突破判断：K 值大于 D 值时，表明当前是一种向上涨升的趋势，因此 K 线从下向上突破 D 线时，是买进信号；反之，当 D 值大于 K 值时，表明当前的趋势是向下跌落，因此 K 线从上向下跌破 D 线时，是卖出信号。

K 线与 D 线的交叉突破，在 80 以上或 20 以下较为准确。

三、实训案例

图 4-57 是双环传动近期的 KDJ 指数情况。在日 K 线图中，点击 KDJ 下方就会出现该股票的随机指数情况，这里黄线是 K 线，红线是 D 线，蓝线是 J 线，虚线表示 50。K 值在 80 以上、D 值在 70 以上为超买的一般标准；K 值在 20 以下、D 值在 30 以下为超卖的一般标准。

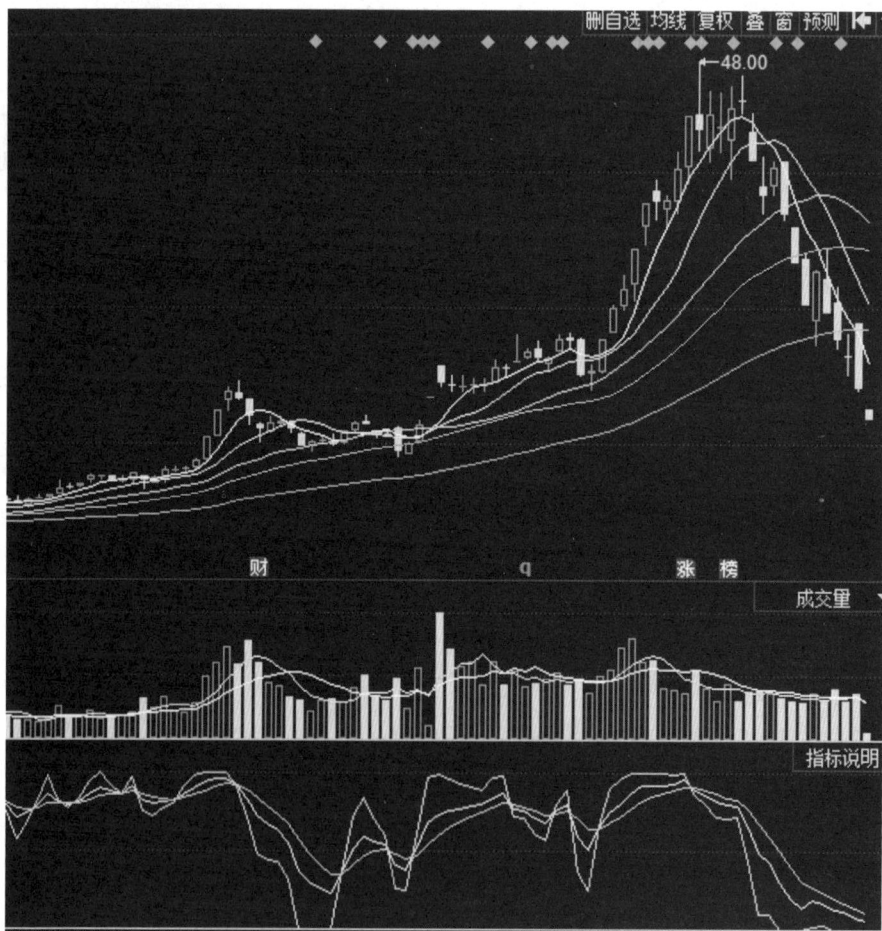

图 4-57　双环传动 KDJ 指数图

四、实训报告

（1）在市场找出一只股票 K 线图符合 KDJ 指标买进的情况，请附图并说明原因。

（2）在市场找出一只股票K线图符合KDJ指标卖出的情况，请附图并说明原因。

（3）找出一只股票顶背离的情况，并附图。

（4）找出一只股票底背离的情况，并附图。

第二篇
期货、外汇及其他投资

第五章
期货投资分析

第一节　期货投资基础知识

一、实训目的与要求

本实训的目的是使实训者掌握期货投资的基础知识。通过本实训，要求掌握期货的概念、期货的分类，了解几种期货合约的详细内容，了解期货合约的交易规则，掌握期货交易的一些重要术语。

二、实训指南

（一）期货的概念与分类

期货与现货完全不同，现货是实实在在可以交易的货（商品），期货主要不是货，而是以某种大宗产品（如棉花、大豆、石油等）及金融资产（如股票、债券等）为标的的标准化可交易合约。期货是由期货交易所统一制定的、规定在将来某一特定的时间和地点交割一定数量和质量标的物的标准化合约。

基于标的物的不同，期货可以分为商品期货和金融期货。商品期货又分为工业品（可细分为金属商品（贵金属与非贵金属商品）、能源商品）、农产品、其他商品等。金融期货主要是传统的金融商品（工具）如股指、利率、汇率等。

常见的商品期货如下：

农产品期货：如大豆、豆油、豆粕、籼稻、小麦、玉米、棉花、白糖、咖啡、鸡蛋、菜籽油、棕榈油等。

金属期货：如铜、铝、锡、铅、锌、镍、黄金、白银、螺纹钢、线材等。

能源期货：如原油（塑料、PTA、PVC）、汽油（甲醇）、燃料油。新兴品种包括气温、二氧化碳排放配额、天然橡胶。

（二）期货合约的内容

期货合约是由交易所设计、经国家监管机构审批上市的标准化合约。期货合约的持有者可通过交收现货或进行对冲交易来履行或解除合约义务。合约的内容主要在期货合约的起始和终止时间、合约的价值、价格的变动、交割时间以及交割物的质量要求等方面进行规定。表5-1和表5-2给出了铜期货与沪深300股指期货合约的主要内容。

表5-1　　　　　　　　上海期货交易所铜期货合约的主要内容

交易品种	阴极铜
交易单位	5吨/手
报价单位	元（人民币）/吨
最小变动价位	10元/吨
每日价格最大波动限制	不超过上一交易日结算价的±3%
合约交割月份	1～12月
交易时间	上午9：00—11：30，下午1：30—3：00，以及交易所规定的时间
最后交易日	合约交割月份的15日（遇法定假日顺延）
交割日期	最后交易日后连续5个工作日
交割地点	交易所指定交割仓库
最低交易保证金	合约价值的5%
交易手续费	不高于成交金额的万分之二（含风险准备金）
交割方式	实物交割
交易代码	CU
上市交易所	上海期货交易所

注：交割品级：

标准品：阴极铜，符合国标GB/T467-2010中1号标准铜（Cu-CATH-2）规定，其中主成分铜加银含量不小于99.95%。

替代品：阴极铜，符合国标GB/T467-2010中A级铜（Cu-CATH-1）规定，或符合BS EN 1978：1998中A级铜（Cu-CATH-1）规定。

（三）期货交易规则

期货市场是一种高度组织化的市场，为了保障期货交易有一个"公开、公平、公正"的环境，保障期货市场平稳运行，对期货市场的高风险实施有效的

表5-2 中国金融期货交易所沪深300股指期货合约的主要内容

合约标的	沪深300指数
合约乘数	每点300元
报价单位	指数点
最小变动价位	0.2点
合约月份	当月、下月及随后两个季月
交易时间	上午：9：15—11：30，下午：13：00—15：15
最后交易日交易时间	上午：9：15—11：30，下午：13：00—15：00
每日价格最大波动限制	上一个交易日结算价的±10%
最低交易保证金	合约价值的8%
最后交易日	合约到期月份的第三个周五，遇国家法定假日顺延
交割日期	同最后交易日
交割方式	现金交割
交易代码	IF
上市交易所	中国金融期货交易所

控制，期货交易所制定了一系列的交易制度（也就是"游戏规则"），所有交易者必须在承认并保证遵守这些"游戏规则"的前提下才能参与期货交易。期货交易的主要交易制度有：

1.保证金制度

保证金制度是期货交易的特点之一，是指在期货交易中，任何交易者必须按照其所买卖期货合约价值的一定比例（通常为5%～10%）缴纳资金，用于结算和保证履约。经中国证监会批准，交易所可以调整交易保证金，交易所调整保证金的目的在于控制风险。

2.当日无负债结算制度

期货交易结算是由期货交易所统一组织进行的。期货交易所实行当日无负债结算制度，又称"逐日盯市"。它是指每日交易结束后，交易所按当日结算价结算所有合约的盈亏、交易保证金及手续费、税金等费用，对应收应付的款项同时划转，相应增加或减少会员的结算准备金。

期货交易所会员的保证金不足时，应当及时追加保证金或者自行平仓。

3.涨跌停板制度

所谓涨跌停板制度，又称每日价格最大波动限制，即指期货合约在一个交易日中的交易价格波动不得高于或者低于规定的涨跌幅度，超过该涨跌停幅度的报价将被视为无效，不能成交。涨跌停板一般是以合约上一交易日的结算价为基准确定的。

4.持仓限额制度

持仓限额是指交易所规定会员或客户可以持有的、按单边计算的某一合约投资头寸的最大数额。实行持仓限额制度的目的在于防范操纵市场价格的行为和防止期货市场风险过于集中于少数投资者。

5.大户报告制度

大户报告制度是与持仓限额制度紧密相关的又一个防范大户操纵市场价格、控制市场风险的制度。通过实施大户报告制度，可以使交易所对持仓量较大的会员或投资者进行重点监控，了解其持仓动向、意图，对于有效防范市场风险有积极作用。

6.交割制度

交割是指合约到期时，按照期货交易所的规则和程序，交易双方通过该合约所载标的物所有权的转移，或者按照规定结算价格进行现金差价结算，了结到期末平仓合约的过程。以标的物所有权转移进行的交割为实物交割，按结算价进行现金差价结算的交割为现金交割。一般来说，商品期货以实物交割为主，金融期货以现金交割为主。

7.强行平仓制度

强行平仓是指当会员、投资者违规时，交易所对有关持仓实行平仓的一种强制措施。强行平仓制度也是交易所控制风险的手段之一。

我国期货交易所强行平仓制度主要针对的是当会员结算准备余额小于零，并未能在规定时限内补足的情况。

8.风险准备金制度

风险准备金制度是指为了维护期货市场正常运转提供财务担保和弥补因不可预见风险带来亏损而提取的专项资金的制度。

9.信息披露制度

信息披露是指期货交易所按有关规定定期公布期货交易有关信息的制度。期货交易所公布的信息主要包括在交易所期货交易活动中产生的所有上市品种的期货交易行情、各种期货交易数据统计资料、交易所发布的各种公告信息以及中国证监会披露的其他相关信息。

(四) 期货交易的主要术语

开仓：开始买入或卖出期货合约的交易行为称为"开仓"或"建立交易部位"。

平仓：买入后卖出，或卖出后买入结算原先所做的新单。

交割：期货合约卖方与期货合约买方之间进行的现货商品转移。各交易所对现货商品交割都规定有具体步骤。某些期货合约，如股票指数合约的交割采取现金结算方式。

买空：相信价格会涨并买入期货合约称"买空"或称"多头"，亦即多头交易。

卖空：看跌价格并卖出期货合约称"卖空"或"空头"，亦即空头交易。

结算价：当天某商品所有成交合约的加权平均价。

结算：指根据交易结果和交易所有关规定对会员交易保证金、盈亏、手续费、交割货款及其他有关款项进行计算、划拨的业务活动。

空盘量：尚未经相反的期货或期权合约相对冲，也未进行实货交割或履行期权合约的某种商品期货或期权合约总数量。

成交量：指某一时间内买进或卖出的商品期货合约数量，通常为一个交易日的成交合约数。

持仓量：是指买卖双方开立的还未实行反向平仓操作的合约数量总和。持仓量的大小反映了市场交易规模的大小，也反映了多空双方对当前价位的分歧大小。例如，假设以两个人作为交易对手的时候，一人开仓买入1手合约，另一人开仓卖出1手合约，则持仓量显示为2手。

空开：是空头开仓的简称，指持仓量增加，但持仓量的增加值小于现量，且为主动卖盘。例如，将上例中的卖出、买入反过来即是。

双开：指某笔成交中，开仓量等于现量，平仓量为零，持仓量增加，差值等于现量，表明多空双方均增仓。

双平：指某笔成交中，开仓量等于零，平仓量为现量，持仓量减少，差值等于现量，表明多空双方均减仓。

仓差：是持仓差的简称，指目前持仓量与昨日收盘价对应的持仓量的差。为正则是今天的持仓量增加，为负则是持仓量减少。持仓差就是持仓的增减变化情况。例如，今天11月股指期货合约的持仓为6万手，而昨天是5万手，那么今天的持仓差就是1万手了。另外，在成交栏里也有仓差变化，在这里是指现在这一笔成交单引发的持仓量变化与上一笔的即时持仓量的对比，是增仓还是减仓。

多开：是多头开仓的简称，指持仓量增加，但持仓量的增加值小于现量，且为主动买盘。例如，假设以4个人作为交易对手，其中甲先挂出卖出平仓1手，乙随后挂出卖出开仓10手，丙见卖单处有人挂单11手，即以现价挂出买入开仓5手成交，盘面会显示：多开，现手成交量为10手，仓差为+8手（因甲先挂出1手平仓单）；丁在随后又买入开仓2手，则会显示：双开，4手，仓差为+4手（此时所挂单已经全部是乙的卖出开仓挂单）。

多换、空换：是多头换手、空头换手的简称，若在某笔成交中，开仓量和平仓量均等于现成交量的一半，持仓量不变，则表明多头仓位和空头仓位都未发生变化，只是部分仓位在多头之间或空头之间发生了转移，结合内外盘的状态，我们定义外盘时该笔成交的状态为多换，内盘时为空换。

多平、空平：是多头平仓、空头平仓的简称，多头平仓指持仓量减少，但持仓量的增加绝对值小于现量，且为主动卖盘；空头平仓指持仓量减少，但持仓量的增加绝对值小于现量，且为主动买盘。例如，假设以3个人作为交易对手，其中甲有多头持仓5手，乙有空头持仓5手，丙没有持仓；若甲想平仓了结部分持仓，则挂出卖出平仓3手，丙认为大盘会跌，则挂出卖出开仓2手，此时乙也想平仓了结，则以现价（卖出价）挂出买入平仓5手成交，盘面会显示：空平（空头平仓），现手成交量10手，仓差为-6。如果是多头平仓，则是乙主动挂出平仓单，甲随后再平仓。

分仓：交易所会员或客户为了超量持仓，以影响价格，操纵市场，借用其他会员席位或其他客户名义在交易所从事期货交易，规避交易所持仓限量规定，其在各个席位上总的持仓量超过了交易所对该客户或会员的持仓限量。

三、实训案例

（一）认识期货种类

登录我国四大期货交易所网站，了解每家期货交易所的交易品种。登录中国证监会网站，了解我国期货市场的成交量情况。案例略。

（二）期货合约内容的解读

登录我国四大期货交易所网站，搜集并掌握至少两种商品期货、两种金融期货合约的具体内容。案例略。

（三）期货交易规则与常用术语

认真解读期货交易规则，登录大智慧B/S模拟交易系统期货系统界面，了解具体的商品期货与金融期货的交易规则，并掌握有关的术语。

案例1：以沪铜为例（见图5-1），通过一段时间内（比如5分钟）市场成交情况的变动，加深对持仓、增仓、外盘、内盘、结算价以及多（空）开、多（空）换、双开、双平等概念的理解和掌握。

沪铜1507 cu1507			时间	价位	现手	增仓	开平
卖出	41290	35	14:53:14	41340	10	0	多换
买入	41000	20	14:53:18	41290	30	0	空换
最新	41260	涨跌 -1310/3.08%	14:53:18	41290	10	10	双开
现手	10	速涨 -0.05%	14:53:19	41290	10	10	双开
总手	24320	开盘 42530	14:53:20	41290	20	20	双开
持仓	35250	最高 42550	14:53:29	41290	30	0	换手
日增	-5950	最低 40730	14:54:02	41280	10	0	空换
外盘	9270	结算价▼ 41790	14:54:02	41280	10	0	换手
比例	38%	昨结▼ 42570	14:54:03	41280	20	20	双开
内盘	15050	涨停 45120	14:57:01	41210	10	-10	双平
比例	62%	跌停 40010	▶14:59:47	41260	10	0	多换

图5-1　期货交易术语

案例2：登录大智慧B/S模拟交易系统，通过期货下单平台（见图5-2）操作，加深对买多、卖空、平仓的理解和掌握。

合约	cu1507	🔍 沪铜，每手5吨，上期所
	每手货值206300元，保证金30945元	
手数	1 ▲▼	设置数量方式
出价	对手价 ▲▼	… 涨板 45120　跌板 40010

41290	41000	优先平今
买多	卖空	平仓
<= 43	<= 43	

图5-2　期货下单平台

注：合约：输入有效的期货合约代码。

手数：输入建仓或者平仓的数量。

出价：输入成交价格。

四、实训报告

（1）统计我国期货交易所的交易品种。

（2）统计我国几大期货交易所过去一段时间的成交量和成交额。

（3）明确商品期货合约与金融期货合约的内容。

（4）以某一期货合约为例，统计一段时间内（5分钟）投资者的操作以及期货合约仓位的变化。

（5）以某一期货合约为例，模拟操作建多仓、建空仓以及平仓。尝试建条件单和止损单。

第二节 期货价格影响因素分析

一、实训目的与要求

本实训的目的是使实训者掌握影响期货价格的因素。通过本实训，要求了解影响期货价格的基本因素及其原理，包括商品的供求关系、经济周期波动、金融货币、政治政策以及大户操纵和投机心理等因素。

二、实训指南

（一）商品供求状况分析

从长期看，商品的价格最终反映的必然是供求双方力量均衡点的价格，所以，商品供求状况对商品期货价格具有重要的影响。基本因素分析法主要分析的就是供求关系。商品供求状况的变化与价格的变动是互相影响、互相制约的。商品价格与供给成反比，供给增加，价格下降；供给减少，价格上升。商品价格与需求成正比，需求增加，价格上升；需求减少，价格下降。在其他因素不变的条件下，供给和需求的任何变化，都可能影响商品价格变化。一方面，商品价格的变化受供给和需求变动的影响；另一方面，商品价格的变化又反过来对供给和需求产生影响：价格上升，供给增加，需求减少；价格下降，供给减少，需求增加。这种供求与价格互相影响、互为因果的关系，使商品供求分析更加复杂化，即不仅要考虑供求变动对价格的影响，还要考虑价格变化对供求的反作用。商品市场的供给量则主要由期初库存量、本期产量和本期进口量三部分构成。商品市场的需求量通常由国内消费量、出口量和期末商品结存量三部分构成。

（二）经济波动周期

商品市场波动通常与经济波动周期紧密相关，期货价格也不例外。由于期货市场是与国际市场紧密相连的开放市场，因此，期货市场价格波动不仅受国内经济波动周期的影响，而且还受世界经济的景气状况影响。

经济周期一般由复苏、繁荣、衰退和萧条四个阶段构成。复苏阶段开始时是前一周期的最低点，产出和价格均处于最低水平。随着经济的复苏，生产逐渐恢复和需求逐渐增长，价格也开始逐步回升。繁荣阶段是经济周期的高峰阶段，由于投资需求和消费需求的不断扩张超过了产出的增长，刺激价格迅速上涨到较高水平。衰退阶段出现在经济周期高峰过去后，经济开始滑坡，由于需求的萎缩，供给大大超过需求，价格迅速下跌。萧条阶段是经济周期的谷底，供给和需求均处于较低水平，价格停止下跌，处于低水平上。在整个经济周期演化过程中，价格波动略滞后于经济波动。这些是经济周期四个阶段的一般特征。

（三）金融货币因素

商品期货交易与金融货币市场有着紧密的联系。利率的高低、汇率的变动都直接影响商品期货价格变动。

利率调整是政府紧缩或扩张经济的宏观调控手段。利率的变化对金融衍生品交易影响较大，而对商品期货的影响较小。如从1994年开始，为了抑制通货膨胀，中国人民银行大幅度提高利率水平，提高中长期存款和国库券的保值贴补率，导致国债期货价格狂飙，1995年5月18日，国债期货被国务院命令暂停交易。

期货市场是一种开放性市场，期货价格与国际市场商品价格紧密相连。国际市场商品价格比较必然涉及各国货币的交换比值——汇率，汇率是本国货币与外国货币交换的比率。当本币贬值时，即使外国商品价格不变，但以本国货币表示的外国商品价格将上升，反之则下降，因此，汇率的高低变化必然影响相应的期货价格变化。据测算，美元对日元贬值10%，日本东京谷物交易所的进口大豆价格会相应下降10%左右。同样，如果人民币对美元贬值，那么，国内大豆期货价格也会上涨。主要出口国的货币政策也会对商品期货价格产生影响。例如，巴西在1998年其货币雷亚尔大幅贬值，使巴西大豆的出口竞争力大幅增强，相对而言，大豆供应量增加，对芝加哥大豆价格产生负面影响。

（四）政治、政策因素

期货市场价格对国际国内政治气候、相关政策的变化十分敏感。政治因素主要指国际国内政治局势、国际性政治事件的爆发及由此引起的国际关系格局的变化、各种国际性经贸组织的建立及有关商品协议的达成、政府对经济干预所采取的各种政策和措施等。这些因素将会引起期货市场价格的波动。

在国际上，某种上市品种期货价格往往受到其相关的国家政策影响，这些政策包括农业政策、贸易政策、食品政策、储备政策等，其中也包括国际经贸组织及其协定。在分析政治因素对期货价格影响时，应注意不同的商品所受影响程度是不同的。如国际局势紧张时，对战略性物资价格的影响就比对其他商品的影响大。

（五）大户操纵和投机心理

在期货市场中有大量的投机者，他们参与交易的目的就是利用期货价格上下波动来获利。当价格看涨时，投机者会迅速买进合约，以期价格上升时抛出获利，而大量投机性的抢购，又会促进期货价格的进一步上升；反之，当价格看跌时，投机者会迅速卖空，当价格下降时再补进平仓获利，而大量投机性的抛售，又会促使期货价格进一步下跌。

与投机因素相关的是心理因素，即投机者对市场的信心。当人们对市场信心十足时，即使没有什么利好消息，价格也可能上涨；反之，当人们对市场失去信心时，即使没有什么利空因素，价格也会下跌。

三、实训案例

铜价格影响因素分析

1.供求关系

根据微观经济学原理，当某一商品出现供大于求时，其价格下跌；反之则上扬。同时价格反过来又会影响供求，即当价格上涨时，供应会增加而需求减少；反之就会出现需求上升而供给减少，因此价格和供求互为影响。

体现供求关系的一个重要指标是库存。铜的库存分报告库存和非报告库存。报告库存又称"显性库存"，是指交易所库存，目前世界上比较有影响的进行铜期货交易的有伦敦金属交易所（LME）、纽约商品交易所（NYMEX）的COMEX分支和上海期货交易所（SHFE）。三个交易所均定期公布指定仓库库存。

非报告库存，又称"隐性库存"，指全球范围内的生产商、贸易商和消费者手中持有的库存。由于这些库存不会定期对外公布，因此难以统计，故一般都以交易所库存来衡量。

2.国际国内经济形势

铜是重要的工业原材料，其需求量与经济形势密切相关。经济增长时，铜需求增加从而带动铜价上升；经济萧条时，铜需求萎缩从而促使铜价下跌。

在分析宏观经济时，有两个指标是很重要的：一个是经济增长率，或者说是GDP增长率；另一个是工业生产增长率。

3.进出口政策

进出口政策，尤其是关税政策是通过调整商品的进出口成本从而控制某一商品的进出口量来平衡国内供求状况的重要手段。目前我国铜原料的进口关税率为 2%，出口关税率为 5%。

4.用铜行业发展趋势的变化

消费是影响铜价的直接因素，而用铜行业的发展则是影响消费的重要因素。例如，20世纪90年代后，发达国家在建筑行业中管道用铜增幅巨大，建筑业成为铜消费最大的行业，从而促进了90年代中期国际铜价的上升，美国的住房开工率也成了影响铜价的因素之一。2003年以来，中国房地产、电力的发展极大地促进了铜消费的增长，从而成为支撑铜价的因素之一。在汽车行业，制造商正在倡导用铝代替铜以降低车重从而减少该行业的用铜量。此外，随着科技的日新月异，铜的应用范围在不断拓宽，铜在医学、生物、超导及环保等领域已开始发挥作用。IBM公司已采用铜代替硅芯片中的铝，这标志着铜在半导体技术应用方面的最新突破。这些变化将不同程度地影响铜的消费。

5.铜的生产成本

生产成本是衡量商品价格水平的基础。铜的生产成本包括冶炼成本和精炼成本。不同矿山测算铜生产成本有所不同，最普遍的经济学分析是采用"现金流量保本成本"，该成本随副产品价值的提高而降低。20世纪90年代后生产成本呈下降趋势。

目前国际上火法炼铜平均综合现金成本约62美分/磅，湿法炼铜平均成本约40美分/磅。湿法炼铜的产量目前约占总产量的20%。国内生产成本计算与国际上有所不同。

6.基金的交易方向

基金业的历史虽然很长，但直到20世纪90年代才得到蓬勃的发展，与此同时，基金参与商品期货交易的程度也大幅度提高。从最近10年的铜市场演变来看，基金在诸多的大行情中都起到了推波助澜的作用。

基金有大有小，操作手法也相差很大。一般而言，基金可以分为两大类：一类是宏观基金，如套利基金，它们的规模较大，少则几十亿美元，多则上百亿美元，主要进行战略性长线投资；另一类是短线基金，这是由CTA（Commodity Trading Advisors）所管理的基金，规模较小，一般在几千万美元，靠技术分析进行短线操作，所以又称技术性基金。

尽管由于基金的参与，铜价的涨跌可能出现过度，但价格的总体趋势不会违背基本面，从COMEX的铜价与非商业性头寸（普遍被认为是基金的投机头寸）变化来看，铜价的涨跌与基金的头寸之间有非常好的相关性。而且由于基金对宏观基本面的理解更为深刻并能够"先知先觉"，所以了解基金的动向也是把握行情的关键。

7.相关商品如石油的价格波动也会对铜价产生影响

原油和铜都是国际性的重要工业原材料，它们需求的旺盛与否最能反映经济的好坏，所以从长期看，油价和铜价的高低与经济发展的快慢有较好的相关性。正因为原油和铜都与宏观经济密切相关，因此就出现了铜价与油价一定程度上的正相关性。但这只是趋势上的一致，短期看，原油价格与铜价的正相关性并不十分突出。

如果说油价从不到10美元上涨到20美元左右是价格的合理回归，更是经济复苏的表现的话，那么油价的回升应该与铜价的上扬是一致的，因为都是经济见底回升所带动的。但如果油价上涨到一定的水平后，大家关心的不是经济复苏，而是担心油价的飚升对未来经济发展的负面影响，甚至导致经济衰退，从而导致需求的总体下降（不可避免地影响到对铜的需求），而目前国际上几种主要货币均实行浮动汇率制。随着1999年1月1日欧元的正式启动，国际外汇市场形成美元、欧元和日元三足鼎立之势。由于这三种主要货币之间的比价经常发生较大变动，以美元标价的国际铜价也会受到汇率的影响，这一点可以从1994—1995年美元兑日元的暴跌和1999—2000年欧元的持续疲软及2002—2004年美元的贬值中反映出来。

根据以往的经验，日元和欧元汇率的变化会影响铜价短期内的一些波动，但不会改变铜市场的大趋势。汇率对铜价有一些影响，但决定铜价走势的根本因素是铜的供求关系，汇率因素不能改变铜市场的基本格局，而只是在涨跌幅度上可能产生影响。

资料来源：上海期货交易所网站。

四、实训报告

（1）登录东方财富网，以某一商品期货为分析对象，收集有关该商品的供给与需求变化的资料，如商品库存变化、需求变动等。

（2）分析当前经济形势对该商品供需的影响。

（3）分析当前政治、政策对该商品价格的影响。

（4）分析自然因素对该商品价格的影响。

（5）分析该商品期货价格的当前走势。

第三节　期货套期保值

一、实训目的与要求

本实训的目的是使实训者掌握期货套期保值的运用。通过本实训，要求掌握套期保值的具体应用，加深对套期保值原理的理解。

二、实训指南

（一）套期保值的目的：回避价格风险

套期保值的基本做法就是买进或卖出与现货市场交易数量相当，但交易地位相反的商品期货合约，以期在未来某一时间通过卖出或买进相同的期货合约，对冲平仓，结清期货交易带来的盈利或亏损，以此来补偿或抵消现货市场价格变动所带来的实际价格风险或利益，使交易者的经济收益稳定在一定的水平。

套期保值之所以能够避免价格风险，其基本原理在于：

第一，期货交易过程中期货价格与现货价格尽管变动幅度不会完全一致，但变动的趋势基本一致，即当特定商品的现货价格趋于上涨时，其期货价格也趋于上涨，反之亦然。这是因为期货市场与现货市场虽然是两个各自分开的不同市场，但对于特定的商品来说，其期货价格与现货价格主要的影响因素是相同的。这样，引起现货市场价格的涨跌，就同样会影响到期货市场价格同向的涨跌。套期保值者就可以通过在期货市场上做与现货市场相反的交易来达到保值的目的，使价格稳定在一个目标水平上。

第二，现货价格与期货价格不仅变动的趋势相同，而且，到合约期满时，两者将大致相等或合二为一。这是因为，期货价格通常高于现货价格，在期货价格中包含有贮藏该项商品直至交割日为止的一切费用，当合约接近于交割日时，这些费用会逐渐减少乃至完全消失，这样，两者价格的决定因素实际上已经几乎相同了。这就是期货市场与现货市场的市场走势趋同性原理。

当然，期货市场毕竟是不同于现货市场的独立市场，它还会受一些其他因素的影响，因而，期货价格的波动时间与波动幅度不一定与现货价格完全一致，加之期货市场上有规定的交易单位，两个市场操作的数量往往不尽相等，这就意味着套期保值者在冲销盈亏时，有可能获得额外的利润或亏损，从而使他的交易行为仍然具有一定的风险。因此，套期保值也不是一劳永逸的事情。

（二）套期保值的类型

按照在期货市场上所持的头寸，套期保值又分为卖方套期保值和买方套期保值。卖出套期保值（卖期保值）是套期保值者首先卖出期货合约即卖空，持有空头头寸，以保护他在现货市场中的多头头寸，旨在避免价格下跌的风险，通常为农场主、矿业主等生产者和经营者所采用。买入套期保值（买期保值）是套期保值者首先买进期货合约即买空，持有多头头寸，以保障他在现货市场的空头头寸，旨在避免价格上涨的风险，通常为加工商、制造业者和经营者所采用。

套期保值指在期货市场中持有与现货市场相反的头寸。换句话说，如果一位现货商在现货市场中拥有或将要拥有一种商品，他将通过在期货市场中卖出等量的商品合约来套期保值。卖出套期保值能使现货商所拥有的存货的价值大致保持不变。如果在商品持有期商品价格下跌，商品持有者将在现货市场中亏损；可是，他作为期货市场中该商品的卖主，能从同样的价格下降中获利，从而弥补了现货市场的损失。盈利和损失相互抵消使该现货商所持有的商品的净价格与商品原有价值非常接近。

同样，如果商品价格上升，商品持有者在现货市场中盈利而在期货市场中亏损，也能让存货的净价值保持固定不变。

买入套期保值为那些想在未来某时期购买一种商品而又想避开可能的价格上涨的现货商所采用。这些人被称为现货市场的空头（他们现时缺少商品，将在期货市场中成为多头即买方），如果价格上涨，他们将为商品支付更多资金，但同时能在期货市场中赚等量的钱而抵消了在现货市场中的损失。如果价格下降，在现货市场中能以更便宜价格买下商品，但这一优势被期货市场中的损失抵消了。

这样，套期保值不仅能防止价格反向运动带来的可能损失，也失去了因价格正向运动带来意外收益的可能性。但对谨慎的现货商来说，这种潜在收益的风险太大了，最好是转移给投机商。理论上，套期保值为现货商提供了理想的价格保护，但实际生活中，这种保护没有理想中的好。许多因素经常会影响套期保值交易的效果。

（三）基差分析

套期保值可以大体抵消现货市场中价格波动的风险，但不能使风险完全消失，主要原因是存在"基差"这个因素。要深刻理解并运用套期保值，避免价格风险，就必须掌握基差及其基本原理。

1.基差的含义

基差是指某一特定商品在某一特定时间和地点的现货价格与该商品在期货市场的期货价格之差，即：基差＝现货价格−期货价格。例如，假设9月28日黑龙江省的一个大豆产地现货价格是1 810元/吨，当日的下年度3月份大商所大豆期货合约价格是1 977元/吨，则基差是−167元/吨。又如，9月28日上海地区的油脂厂买进大豆，当地的现货价格是2 080元/吨，那么，基差为+103元/吨。

由此可知，基差可以是正数也可以是负数，这主要取决于现货价格是高于还是低于期货价格。现货价格高于期货价格，则基差为正数，又称为远期贴水或现货升水；现货价格低于期货价格，则基差为负数，又称为远期升水或现货贴水。

基差包含两个成分，即分隔现货与期货市场间的"时"与"空"两个因素。因此，基差包含着两个市场之间的运输成本和持有成本。前者反映着现货与期货市场间的空间因素，这也正是在同一时间里，两个不同地点的基差不同的基本原因；后者反映着两个市场间的时间因素，即两个不同交割月份的持有成本，它又包括储藏费、利息、保险费和损耗费等，其中利率变动对持有成本的影响很大。

由此可知，各地区的基差随运输费用而不同。但就同一市场而言，不同时期的基差理论上应充分反映持有成本，即持有成本的那部分基差是随着时间而变动的，离期货合约到期的时间越长，持有成本就越大，而当非常接近合约的到期日时，就某地的现货价格与期货价格而言必然几乎相等，而农产品、矿产品等的基差将缩小成仅仅反映运输成本。

2.基差与套期保值

当我们最初讨论套期保值时，我们假设现货市场与期货市场的价格变动完全一致。实际上，基差在不断的变动中，而且会导致套期保值者利润的增加或减少。导致现货价格与期货价格的差异变化的因素是多种多样的。第一，现货市场中每种商品有许多种等级，每种等级价格变动比率不一样。可是期货合约却限定了一个特定等级，这样，也许需套期保值的商品等级的价格在现货市场中变动快于合约规定的那种等级。第二，当地现货价格反映了当地市场状况，而这些状况可能并不影响显示全国或国际市场状况的期货合约价格。第三，当前市场状况对更远交割月份的期货价格的影响小于对现货市场价格的影响。第四，需套期保值的商品可能与期货合约规定的商品种类不尽相同。比如布匹生产商，可能用棉花期货代替纱线进行套期保值交易，但纱线的生产成本、供求关系并不与棉花一样，因此其价格波动可能与棉花不一致。

套期保值的另一个限制是期货合约规定具体交易量，它可能与所需套期保值的库存量存在差异。比如，有一家油脂厂希望出售184吨豆粕，这时，这家工厂只能通过卖出18手豆粕合约对184吨进行保值，有4吨不能保值，如果这家工厂决定卖出19手合约，那么多出来的6吨将成为投机性交易。不管怎样，总有一些风险不能转移。

对于套期保值者来说，期货价格与现货价格的变动因为大体上的趋势是一致的，因而，实际上可以无须关心期货价格变动的趋势。而两种价格变动的时间和幅度是不完全一致的，也就是说，在某一时间的基差是不确定的，所以，对套期保值者甚或对于投机者来说，这一点是必须密切关注的最重要因素了。正因为如此，套期保值并不是一劳永逸的事，基差的不利变化也会给保值者带来风险。

（四）套期保值的基本做法

套期保值的方法很多，卖期保值和买期保值是其基本方法。

1.卖期保值

卖期保值又称空头保值或卖出对冲，是为了规避现货价格在交割时下跌的风险而先在期货市场卖出与现货数量相当的合约所进行的交易方式。持有空头头寸，来为交易者将来要在现货市场上卖出的现货从而进行保值。因此，卖出套期保值又称为"卖空保值"或"卖期保值"。卖出套期保值的目的在于回避日后因价格下跌而带来的亏损风险。

具体做法是根据保值的目标先在期货市场上卖出相关的合适的期货合约。然后，在现货市场上卖出该现货的同时，又在期货市场上买进与原先卖出的相同的期货合约，在期货市场上对冲并结束实际套期保值交易。具体地说，就是交易者为了日后在现货市场售出实际商品时所得到的价格，能维持在当前对其来说是合适的水平上，就应当采取卖出套期保值方式来保护其日后售出实物的收益。

2.买期保值

买期保值又称买入对冲或多头保值。生产经营者预先在期货市场上买入期货，以便将来在现货市场买进现货时不致因价格上涨而给自己造成经济损失的一种套期保值方式。这是加工商为避免将来原材料市场价格上涨给自己造成经济损失而经常采用的一种保值方法。具体的买期保值策略有：

（1）投资者预期未来一段时间内可收到一大笔资金，准备投入到股市，但又认为现在是最好的建仓机会，如果等到资金到账后再建仓，一旦股价上涨，势必会提高建仓成本。这时，就可以利用股指期货杠杆交易的特点，以较少的资金买入股指期货合约，来锁定未来股票建仓成本，对冲股价上涨的风险。

（2）机构投资者现在拥有大量资金，计划按照当前价格买进一组股票。由于需要买进的股票数额较大，短时期内完成建仓必然会推高价格，提升建仓成本，导致实际的买进价格远高于最初理想的买进价格；如果逐步分批买进建仓，又担心期间股票价格上涨。此时，采用买入套期保值策略是解决问题的好办法。具体做法是：先买进对应价值的股指期货合约，然后再分步逐批买进股票，同时，逐批将这些对应的股指期货合约卖出平仓。

（3）投资者进行融券做空交易时，由于融券都有确定的归还时间，融券者必须在预定日期之前将抛空的股票如数买回，再加上一定的费用归还给当初的出借者。显然，当融券者卖掉股票后，最担心的问题是价格上涨，而在将来归还股票时不得不以更高的价格买回来，此时，可以采取买入套期保值策略来规避上述风险。

（4）投资者在股票期权或者股指期权上卖出看涨期权时，一旦股票价格上涨，将面临较大的亏损，且股票价格上涨越多，亏损额就越大。此时，采取买入套期保值策略能够在一定程度上发挥对冲风险的作用。

三、实训案例

案例1：卖期保值

某农场主在7月份担心到收割时玉米价格会下跌，于是决定在7月份将售价锁定在2 080元/吨，因此，在期货市场上以2 080元/吨的价格卖出一份合约以进行套期保值。

到收割时，玉米价格果然下跌到1 950元/吨，农场主将现货玉米以此价卖给经营者。同时，期货价格也同样下跌，跌至1 950元/吨，农场主就以此价买回一份期货合约，来对冲初始的空头，从中他赚取的130元/吨正好用来抵补现货市场上少收取的部分，而为此所付出的代价就是丧失了有利的价格变动可能带来的利益。但是，由于他通过套期保值回避了不利价格变动的风险，使其可以集中精力于自己的生产经营活动，以获取正常利润。

案例2：买期保值

7月1日，大豆的现货价格为每吨4 040元，某加工商对该价格比较满意，卖出100吨现货大豆。为了避免将来现货价格可能上升，从而提高原材料的成本，决定在大连商品交易所进行大豆套期保值交易。而此时大豆9月份期货合约的价格为每吨4 010元，基差30元/吨，该加工商于是在期货市场上买入10手9月份大豆合约。8月1日，他在现货市场上以每吨4 080元的价格买入大豆100吨，同时在期货市场上以每吨4 040元卖出10手9月份大豆合约，来对冲7月1日建立的空头头寸。从基差的角度看，基差从7月1日的30元/吨扩大到8月1日的40元/吨。交易情况如表5-3所示。

在该例中，现货价格和期货价格均上升，但现货价格的上升幅度大于期货价格的上升幅度，基差扩大，从而使得加工商在现货市场上因价格上升买入现货蒙受的损失大于在期货市场上因价格上升卖出期货合约的获利，盈亏相抵后仍亏损1 000元。

表5-3　　　　　　　　　　　　　　　　交易情况

交易品种	现货市场	期货市场	基差
7月1日	卖出100吨大豆：价格4 040元/吨	买入10手9月份大豆合约：价格4 010元/吨	30元/吨
8月1日	买入100吨大豆：价格4 080元/吨	卖出10手9月份大豆合约：价格4 040元/吨	40元/吨
套利结果	亏损40元/吨	盈利30元/吨	亏损10元/吨
	净损失=100×40−100×30=1 000（元）		

注：1手=10吨。

同样，如果现货市场和期货市场的价格不是上升而是下降，加工商在现货市场获利，在期货市场受损。但是只要基差扩大，现货市场的盈利不仅不能弥补期货市场的损失，而且会出现净亏损。

四、实验报告

（1）结合现实生活举出一个套期保值的例子。

（2）收集一段时间内期货与现货的价格，分析基差的变化。

（3）如果你手里持有一只股票，市值1 000万元，该股票的贝特系数为1.3，请分析如何运用沪深300股指期货进行套期保值。

第四节　期货投机与套利

一、实训目的与要求

本实训的目的是使实训者掌握期货投机与套利的运用。通过本实训，要求掌握投机交易与套利交易的具体应用，加深对套利交易原理的理解。

二、实训指南

（一）投机交易

1.期货投机交易的概念

期货投机交易指在期货市场上以获取价差收益为目的的期货交易行为。投机者根据自己对期货价格走势的判断，做出买进或卖出的决定，如果这种判断与市场价格走势相同，则投机者平仓出局后可获取投机利润；如果这种判断与价格走势相反，则投机者平仓出局后承担投机损失。由于投机的目的是赚取差价收益，所以，投机者一般只是平仓了结期货交易，而不进行实物交割。

所谓价差投机是指投机者通过对价格的预期，在认为价格上升时买进、价格下跌时卖出，然后待有利时机再卖出或买进原期货合约，以获取利润的活动。如预计11月小麦期货价格上升，则10月份决定买进11月小麦合约若干手，待小麦期货价格上升后，在合约到期时之前，卖出合约平仓，扣除手续费后获净利。若预计错了，则蒙受损失，并支付手续费。如预计11月小麦期货价格下跌，则应做空头，然后待机补进以获利。

进行价差投机的关键在于对期货市场价格变动趋势的分析预测是否准确，由于影响期货市场价格变动的因素很多，特别是投机心理等偶然性因素难以预测，因此，正确判断难度较大，所以这种投机的风险较大。

2.投机商在期货市场的作用

投机是一个很敏感的词，由于中国特殊的历史环境，它一直被列为贬义词；而在西方，投机在英语中是"speculation"，原意是指"预测"，是一个中性词。投机交易在期货市场上有增加市场流动性和承担套期保值者转嫁风险的作用，有利于期货交易的顺利进行和期货市场的正常运转。它是期货市场套期保值功能和发现价格功能得以发挥的重要条件之一。

（1）投机者是期货风险的承担者，是套期保值者的交易对手。期货市场的套期保值交易能够为生产经营者规避风险，但它只是转移了风险，并不能把风险消灭。转移出去的风险需要有相应的承担者，期货投机者在期货市场上正起着承担风险的作用。

（2）投机交易促进市场流动性，保障了期货市场发现价格功能的实现。发现价格功能是在市场流动性较强的条件下实现的。一般说来，期货市场流动性的强弱取决于投机成分的多少。如果只有套期保值者，即使集中了大量的供求信息，也难以找到交易对手，少量的成交就可对价格产生巨大的影响。在交易不活跃市场形成的价格，很可能是扭曲的。投机者的介入，为套期保值者提供了更多的交易机会，众多的投机者通过对价格的预测，有人看涨，有人看跌，积极进行买空卖空活动。这就增加了参与交易人数，扩大了市场规模和深度，使得套期保值者较容易找到交易对手，自由地进出市场，从而使市场具有充分的流动性。

（3）适度的期货投机能够减缓价格波动。投机者进行期货交易，总是力图通过对未来价格的正确判断和预测来赚取差价利润。当期货市场供过于求时，市场价格低于均衡价格，投机者低价买进合约，从而增加了需求，使期货价格上涨，供求重新趋于平衡；当期货市场供不应求时，市场价格则高于均衡价格，投机者会高价卖出合约，增加了供给，使期货价格下跌，供求重新趋于平衡。可见，期货投机对于缩小价格波动幅度发挥了很大的作用。

另外，期货市场的投机者不仅利用价格短期波动进行投机，而且还利用同一种商品或同类商品在不同时间、不同交易所之间的差价变动来进行套利交易。这种投机，使不同品种之间和不同市场之间的价格，形成一个较为合理的结构。投机交易减缓价格波动作用的实现是有前提的：一是投机者需要理性化操作，违背市场规律进行操作的投机者最终会被淘汰出期货市场；二是投机要适度，操纵市场等过度投机行为不仅不能减缓价格的波动，而且会人为地拉大供求缺口，破坏供求关系，加剧价格波动，加大市场风险，使市场丧失其正常功能。因此，应提倡理性交易，遏制过度投机，打击操纵市场行为。

（二）套利交易

1.期货市场的套利

套利，又称套期图利，是指期货市场参与者利用不同月份、不同市场、不同商品之间的差价，同时买入和卖出不同种类的期货合约以从中获取利润的交易行为。在期货市场中，套利有时能比单纯的长线交易提供更大、更可靠的潜在收益，尤其当交易者对套利的季节性和周期性趋势进行深入研究和有效使用时，其功效更大。

套利交易的收益来自下面三种方式之一：

（1）在合约持有期，空头的盈利高于多头的损失。

（2）在合约持有期，多头的盈利高于空头的损失。

（3）两份合约都盈利。

套利交易的损失则来自刚好相反的方式：

（1）在合约持有期，空头的盈利少于多头的损失。

（2）在合约持有期，多头的盈利少于空头的损失。

（3）两份合约都亏损。

例如，交易者对2014年5月与7月大豆合约进行套利交易，以4 130元/吨的价格买入5月合约10手，以4 172元/吨的价格卖出7月合约10手，一周后，5月合约的价格下跌至4 081元/吨，7月合约的价格下跌至4 110元/吨，套利者可发出平仓指令，结束套利交易，结果交易者在5月合约上亏损共计4 900元，在7月合约上盈利共计6 200元，盈亏相抵，共计盈利1 300元（不计手续费）。

2.套利的方法

期货市场的套利主要有三种形式，即跨交割月份套利、跨市场套利及跨商品套利。

（1）跨交割月份套利（跨月套利）。

跨交割月份套利指投机者在同一市场利用同一种商品不同交割期之间的价格差距的变化，买进某一交割月份期货合约的同时，卖出另一交割月份的同类期货合约以谋取利润的活动。其实质是利用同一商品期货合约的不同交割月份之间的差价的相对变动来套利。这是最为常见的一种套利形式。比如，如果你注意到5月份的大豆合约和7月份的大豆合约价格差异超出正常的交割、储存费，你应买入5月份的大豆合约而卖出7月份的大豆合约。过后，当7月份大豆合约与5月份大豆合约更接近而缩小了两个合约的价格差时，你就能从价格差的变动中获得一笔收益。跨月套利与商品绝对价格无关，而仅与不同交割期之间价差变化趋势有关。

我们以2015年3月棉花跨月套利方案为例来加以说明。

棉花5月合约和7月合约之间的价差已达到330点，存在明显的跨期套利机。

套利成本＝仓租费＋资金利息＋交易、交割费用＋增值税

①仓储费：内地仓库：0.60元/吨/天；新疆仓库：0.50元/吨/天。

②交割手续费：4元/吨（单边）。

③交易手续费：4元/吨（单边）。

④月贷款利率：0.5%。

⑤增值税税率：13%。

两个月套利成本见表5-4。

表5-4　　　　　　　　　　**两个月套利成本**　　　　　　　　　　单位：元

仓储费	资金利息	交易交割费用	增值税	合计
0.6×60	14 000×1%	4×2+4×2	330/1.13×13%	
36	140	16	38	230

A.建仓计划：买5月抛7月同时双向开仓，计划建仓头寸为最少500吨，最多2 000吨。价差达到300点时建仓500吨，如果价差继续扩大，则可在每扩大20点时加仓500吨，直到价差扩大到360点。此时建仓均价为330点价差，总仓位达到2 000吨。

B.虚盘平仓：如果在5月份交割之前价差缩小到220点之内可逐步平仓，此种结果为最佳结果，预计获利为80～120元/吨。

C.移仓策略：如果7、8月合约价差扩大到150点以上，可以把7月合约的空单移仓到8月合约之上。由于考虑到仓单的有效期，因此最多只能移仓到8月合约。

D.实盘交割：如果5月合约交割前价差没有回归，则需进行买入交割，得到仓单，至7（8）月进行卖出交割。预计获利为建仓价差减去套利成本，约为100~130元/吨。

E.增值税风险策略：如果7（8）月合约价格下跌，则可少交部分增值税；如果5月合约交割后7（8）月合约上涨，则为了避免多交部分增值税将盈利吞噬，可先平出13%的7（8）月合约空单，至7（8）月交割之前将空单补回。

（2）跨市场套利（跨市套利）。

跨市场套利指投机者利用同一商品在不同交易所的期货价格的不同，在两个交易所同时买进和卖出期货合约以谋取利润的活动。

当同一商品在两个交易所中的价格差额超出了将商品从一个交易所的交割

仓库运送到另一个交易所的交割仓库的费用时，可以预计，它们的价格将会缩小并在未来某一时期体现真正的跨市场交割成本。比如说小麦的销售价格，如果芝加哥交易所比堪萨斯城交易所高出许多而超过了运输费用和交割成本，那么就会有现货商买入堪萨斯城交易所的小麦并用船运送到芝加哥交易所去交割。

在国内，三家交易所之间的上市品种都不一样，而且与国外交易所之间也无法连通，因此，跨市场套利没办法做。

（3）跨商品套利。

所谓跨商品套利，是指利用两种不同的但相互关联的商品之间的期货价格的差异进行套利，即买进（卖出）某一交割月份某一商品的期货合约，而同时卖出（买入）另一种相同交割月份、另一关联商品的期货合约。

跨商品套利必须具备以下条件：

一是两种商品之间应具有关联性与相互替代性；

二是交易受同一因素制约；

三是买进或卖出的期货合约通常应在相同的交割月份。

在某些市场中，一些商品的关系符合真正套利的要求。比如在谷物中，如果大豆的价格太高，玉米可以成为它的替代品。这样，两者价格变动趋于一致。另一常用的商品间套利是原材料与制成品之间的跨商品套利，如大豆及其两种产品——豆粕和豆油的套利交易。大豆压榨后，生产出豆粕和豆油。在大豆与豆粕、大豆与豆油之间都存在一种天然联系能限制它们的价格差异额的大小。

三、实训案例

（1）进入大智慧B/S模拟交易系统，选择你关注的商品期货和金融期货，进行投机模拟操作。

①由于期货采用T+0交易，所以可以将分析周期缩短，可以以5分钟（或15分钟或者30分钟）为一个分析周期。

②根据前面技术分析的相关知识，结合具体的指标（如MACD、BOLL线等）辅助判断，进行投机交易。

案例：以沪深300股指期货为例，进行投机分析。图5-3为IF1507的3分钟K线走势图，结合MACD指标进行分析，在MACD指标死叉位置，可以做空，在MACD金叉位置平仓，或者进而反手做多。

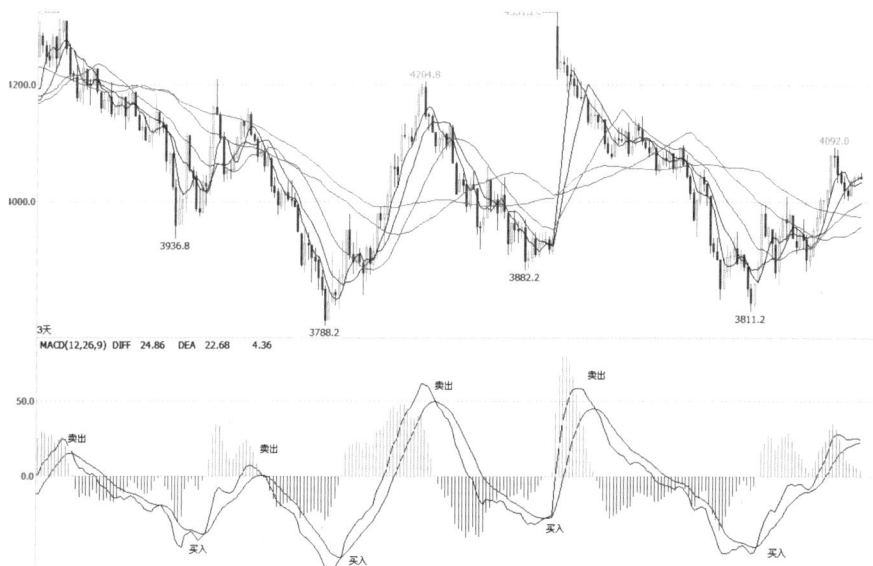

图 5-3　股指期货投机分析

（2）以某一商品期货为例进行套利分析；以股指期货为例，对 ETF 基金与股指期货的套利进行分析。

案例：跨品种套利。以 2015 年 5 月 20 日大连豆油 1601 合约与豆粕 1601 合约的收盘价作为套利的起点，以 2015 年 7 月 14 日大连豆油 1601 合约与豆粕 1601 合约作为套利结算点来计算此次跨品种套利的可能盈利，假设 5 月 20 日买入 10 手豆粕 1601 合约，卖出 10 手豆油 1601 合约，保证金以 10% 计算，忽略手续费，具体见表 5-5。

表 5-5　　　　　　　　　　　豆油豆粕跨品种套利

	2015 年 5 月 20 日			2015 年 7 月 14 日		
	数量（手）	价格（元）	价差（元）	数量（手）	价格（元）	价差（元）
豆油	10	5 778	3 125	10	5 728	2 844
豆粕	10	2 653		10	2 884	

获利：（3 125-2 844）×10×10=28 100（元）

四、实训报告

（1）进行商品期货投机交易具体分析，附图并标注建仓平仓位置，并给出分析说明。

（2）进行股指期货投机交易具体分析，附图并标注建仓平仓位置，并给出分析说明。

（3）进行期货套利分析。

第六章

外汇投资分析

第一节　外汇交易概述

一、实训目的与要求

本实训的目的是使实训者掌握外汇交易的基本知识。通过本实训，要求在了解外汇市场的基础上，熟悉外汇交易的常见币种、常见的汇率类型，熟悉外汇银行常见的报价方式，进一步了解影响汇率波动的主要因素，并能够掌握预测汇率走势的基本分析方法、技术分析方法，为后续的外汇实盘与外汇保证金交易打下一定的基础。

二、实训指南

（一）外汇与外汇市场

狭义的外汇是指以外国货币表示的、为各国普遍接受的、可用于国际债权债务结算的各种支付手段。外汇必须具备三个特点：可支付性（必须是以外国货币表示的资产）、可获得性（必须是在国外能够得到补偿的债权）和可换性（必须是可以自由兑换为其他支付手段的外币资产）。外汇具有促进国际经济、贸易发展，调剂国际资金余缺等作用，是一个国家国际储备的重要组成部分，也是清偿国际债务的主要支付手段。

外汇市场是指由银行等金融机构、自营交易商、大型跨国企业参与的，通过中介机构或电信系统连接的，以各种货币为买卖对象的交易市场。它可以是有形的，如外汇交易所，也可以是无形的，如通过电信系统交易的银行间外汇交易。据2013年国际清算银行统计，国际外汇市场每日平均交易额约为5.3万亿美元。目前，世界上有30多个主要的外汇市场，最重要的有欧洲的伦敦、法兰克福、苏黎世和巴黎，美洲的纽约和洛杉矶，澳洲的悉尼，亚洲的东京、新加坡和中国香港等。

（二）汇率标价法

国际外汇市场上的汇率一般有直接标价法与间接标价法。直接标价法又称价格标价法，是以本国货币来表示一定单位的外国货币的汇率表示方法，一般是1个单位或100个单位的外币能够折合多少本国货币。大多数国家都采取直接标价法。市场上大多数的汇率也是直接标价法下的汇率。例如，美元兑日元、美元兑港币、美元兑人民币等。间接标价法又称数量标价法，是以外国货币来表示一定单位的本国货币的汇率表示方法，一般是1个单位或100个单位的本币能够折合多少外国货币。前英联邦国家多使用间接标价法，如英国、澳大利亚、新西兰等。市场上采取间接标价法的汇率主要有英镑兑美元、澳元兑美元等。

（三）银行外汇报价

银行的外汇牌价一般有四个：外汇现汇买入价格、外汇现汇卖出价格、外汇现钞买入价格和外汇现钞卖出价格，它们的价格相加并求平均数，就得到现汇中间价和现钞中间价。买入、卖出价是从银行的角度来看的。你向银行售汇时，对于银行来说是买入，叫买入价；你向银行换汇，银行是卖出，叫卖出价；而计算外汇牌价时，取两者的平均数，叫中间价。还有一个叫钞买价（也叫钞价），是你向银行售外币现金的价格。因为银行买入外币现金的周转成本大于外汇，所以钞买价远低于汇买价。银行除贷款赚钱外，还赚取卖出和买入外汇的差价。

（四）汇率影响因素

供求关系、投机活动、突发新闻、央行干预、政治因素、经济因素等是影响外汇汇率波动的主要原因。

供求关系：外汇汇率取决于市场上的供给与需求，而影响供给与需求的因素包括汇率的价格、汇率的息差、汇率的预期趋势等。当供给大于需求时，汇率就会下降；相反，当需求大于供给时，汇率就会上升。

投机活动：由于汇率自由浮动，驱动汇率波幅显著增大，使外汇市场的潜在收益提高，获利的机会增加，吸引投资者参与市场操作。投机买卖活动占市场活动的绝大多数，也成为影响汇率变动的因素。

突发新闻：突发新闻是影响汇率波动的一个主要因素，对外汇市场的冲击往往十分巨大。例如，一国元首逝世、政局转变、地震天灾等。因为突发新闻会对后市带来影响，所以大多数参与者都会忽视经济因素和技术因素，朝着同一方向进行风险规避和投机买卖，导致汇率大幅波动。

央行干预：中央银行的职责之一是维持货币汇率的稳定以及执行货币政策。当汇率在市场上的表现不符合中央银行的预期，或者汇率在市场上的表现可能损害国家的经济利益时，央行便会作出干预，使货币汇率达到合理水平。有时候一个国家的中央银行并不能起到干预作用，需要联合多个国家央行的力量，打击投机活动，恢复货币汇率的稳定。

政治因素：政治因素也会影响汇率的变动，因为一国的政局转变会影响该国的货币政策和汇率的稳定性，从而令投资者对该国产生不明朗的反应，继而进行规避风险的行为，加上资金在外汇市场上流动的程序简化，导致汇率波动异常激烈。影响政局转变的因素有总统大选、政变、战争和罢工等。

经济因素：

1.国内生产总值

国内生产总值的变化代表一国的经济是增长还是衰退。经济增长，汇率一般会上升。国内生产总值由政府支出、出口与进口的净值、消费、私人投资所组成。

2.通胀率

通胀是指国内全部物品价格水平上涨，并且连续性上涨。严重的通胀，会影响经济增长，给社会带来不安定。而国内物价水平持续下降为通缩，原因是购买力下降，导致物价下跌。货币紧缩情况愈持久，愈会影响投资及生产意愿，引致失业率飙升，最终令经济衰退。反映通胀的数据有生产者物价指数、消费者物价指数等。如果物价上升触及通胀，政府能以加息阻止。

3.利率

当经济过热引起物价上升并触发通胀，应采取收紧信贷政策，提高利率来控制通胀，但也要视通胀的水平处于温和、严重或恶劣的程度，因为不同程度的通胀会对经济造成不同的影响。高利率国家会吸引资金流入，增加该国货币的需求，汇率随之上升；相反，低利率会诱使资金流出，减少该国货币的需求，使汇率下跌。而货币供应量和央行议息会议对利率的走势有所很大影响。

4.失业率

失业率可反映一国经济状况。失业率对耐用品订单、工业生产指数、个人收入等有预测性的作用。

5.贸易收支

贸易收支可分为三种：贸易逆差代表该国的进口额大于出口额，反映该国货币需求减少，汇率自然下降；贸易顺差代表该国的出口额大于进口额，反映该国货币需求增加，汇率自然上升；贸易平衡代表该国的进口额等于出口额，这种情况对汇率没有影响。

三、实训案例

东南亚金融危机

1997年3月3日，泰国中央银行宣布国内9家财务公司和1家住房贷款公司存在资产质量不高以及流动资金不足问题。索罗斯等人认为，这是对泰国金融体系可能出现更深层次问题的暗示，便先发制人，下令抛售泰国银行和财务公司的股票，储户在泰国所有银行和财务公司大量提款。此时，以索罗斯为首的手持大量东南亚货币的西方冲击基金联合大举抛售泰铢，在众多西方"好汉"的围攻之下，泰铢一时难以抵挡，不断下滑，5月份最低跌至1美元兑26.70铢。泰国中央银行倾全国之力，于5月中下旬开始了针对索罗斯的一场反围剿行动，意在打垮索罗斯的意志，使其知难而退，不再率众对泰铢发难。

泰国中央银行第一步便与新加坡组成联军，动用约120亿美元的巨资吸纳泰铢；第二步效法马哈蒂尔在1994年的战略战术，用行政命令严禁本地银行拆借泰铢给索罗斯大军；第三步则大幅调高利率，隔夜拆息由原来的10厘左右升至1000至1500厘。三管齐下，新锐武器，反击有力，致使泰铢在5月20日升至25.20的新高位。

由于银根骤然抽紧，利息成本大增，致使索罗斯大军措手不及，损失了3亿美元，挨了当头一棒。

然而，索罗斯毕竟还是索罗斯。凭其直觉，索罗斯认为泰国中央银行所能使出的全盘招数莫过如此了，泰国中央银行在使出浑身解数之后，并没有使自己陷入绝境，所遭受的损失相对而言也是比较轻微的。从某种角度上看，索罗斯认为，他已经赢定了。对于东南亚诸国而言，最初的胜利只不过是大难临头前的回光返照而已，根本伤不了索罗斯的元气，也挽救不了东南亚金融危机的命运。

索罗斯为了这次机会，已经卧薪尝胆数年之久，此次他是有备而来，志在必得。先头部队的一次挫折并不会令其善罢甘休，索罗斯还要三战东南亚。

1997年6月，索罗斯再度出兵，他号令三军，重整旗鼓，下令套头基金组织开始出售美国国债以筹集资金，扩大索罗斯大军的规模，并于下旬再度向泰铢发起了猛烈进攻。刹那间，东南亚金融市场上狼烟再起，硝烟弥漫，对抗双方展开了短兵相接的白刃战，泰国上下一片混乱，战局错综复杂，各大交易所简直就像开了锅似的。

只有区区300亿美元外汇储备的泰国中央银行历经短暂的战斗，便宣告"弹尽粮绝"，面对铺天盖地而来的索罗斯大军，要想使泰铢保持固定汇率已经力不从心。泰国人只得拿出最后一招，来个挖肉补疮，实行浮动汇率。不料，这早在索罗斯的预料当中，他为此还专门进行了各种准备。各种反措施纷纷得以执行，泰铢的命运便被索罗斯定在了耻辱的十字架上。泰铢继续下滑，7月24日，泰铢兑美元降至32.5∶1，再创历史最低点，其被索罗斯所宰杀之状，实在令世人惨不忍睹，泰国人更是心惊肉跳、捶胸顿足、责问苍天。

索罗斯采用的是立体投机的策略，并不只是单一的外汇操作。所谓立体投机，就是利用三个或者三个以上的金融工具之间的相关性进行的金融投机。

1997年上半年，以量子基金为代表的一些大型基金大规模运用"杠杆"不断挤压泰国金融市场，触发泰国金融危机，在随后东南亚金融危机演变过程中，这些基金大规模运用"杠杆"，加重了危机的程度。它们是怎么做的呢？正如索罗斯本人所描述的："我们用自己的钱买股票，付5%的现金，另外95%的资金是借的；如果用债券作抵押，可以借更多钱，我们用1 000美元，至少可以买进价值5万美元的长期债券……"它们以自有资本作抵押，从银行借款购买证券，再以证券抵押继续借款，迅速扩大了债务比率，不仅如此，它们还将借款广泛投机于具有"高杠杆"特点的各种衍生工具，从而进一步提高了杠杆比率。据《经济学家》的报道，量子基金确实早在1997年3月就大量买入看跌期权，以掉期方式借入大量泰铢，卖出泰铢期货和远期，因料定交易对手要抛出泰铢现货为衍生合同保值，所以轻而易举地借他人之手制造泰铢贬值压力。值得一提的是，索罗斯在中国香港的做法，更是立体投机的经典例子。

一般情况下，由于金融市场之间存在无套利均衡关系，随着各种金融衍生工具及其市场的诞生和发展，外汇即期市场、远期市场、货币市场、资本市场、衍生市场之间环环相扣、节节锁定，牵一发而动全身。典型例子如1997年10月以及随后几次国际投机家冲击中国香港金融市场时，国际投机家先在货币市场上大量拆借港币，抛售港币，迫使香港特区政府急剧拉高货币市场同业拆息；货币市场同业拆息急剧上升引起股票市场下跌，同时引起衍生市场上恒生股票指数期货大幅下跌；恒指期货大幅下跌又加速了股票市场的下跌；股票下跌又使外国投资者对香港经济和港币信心锐减，纷纷抛出港股换回美元，使港币面临新一轮贬值压力……各个市场的连锁反应，最终全面扩大了投机家的胜利果实。

料定对香港外汇市场发动攻击将引起连锁反应，国际投机家在各个市场上立体布局，一方面在各个市场加大赌注，为投机推波助澜；另一方面，一旦投机成功即可全面丰收，为承受的投机风险匹配高收益。索罗斯对此作了生动描述："如果你把一般的投资组合像名称所显示的一样，看成是扁平或二度空间的东西，那么很容易了解这一点。但我们的投资组合更像建筑物，用我们的股本作为基础，建立一个三度空间的结构，有结构，有融资，由基本持股的质押价值来支撑……我们愿意根据三个主轴把资本投资下去：股票头寸、利率头寸和外汇头寸……不同的部位互相强化，创造出这个由风险和获利机会组成的立体结构。通常两天——一个上涨日和一个下跌日——就足以使我们的基金高速膨胀。"国际投机家进攻香港金融市场时充分运用了这种"立体投机"策略：首先在货币市场上，拆借大量港币；在股票市场上，借入成分股；在股票期指市场累积指空头。然后在外汇市场上利用即期交易抛空港币，同时卖出港币远期合约，迫使香港特区政府提高利率捍卫联系汇率；在股票市场上，将借入成分股抛出，打压期指……综合来看，基于金融市场之间的密切联系，"立体布局"在使投机家的风险暴露相互加强的同时更令杠杆投机威力和收益大增。

港币实行联系汇率制，联系汇率制有自动调节机制，不易攻破。但港币利率容易急升，利率急升将影响股市大幅下跌，这样的话，只要事先在股市及期市沽空，然后再大量向银行借贷港币，使港币利率急升，促使恒生指数暴跌，便可像在其他国家和地区一样获得投机暴利。自1997年10月以来，国际投机家4次在香港股、汇、期三市上下手，前三次均获暴利。1998年7月底至8月初，国际炒家再次通过对冲基金，接连不断地狙击港币，以推高拆息和利率。很明显，他们对港币进行的只是表面的进攻，股市和期市才是真正的主攻目标，声东击西是索罗斯投机活动的一贯手段，并多次取得成功。

炒家们在证券市场上大手笔沽空股票和期指，大幅打压恒生指数和期指指数，使恒生指数从1万点大幅度跌至8 000点，并直指6 000点。在山雨欲来的时候，证券市场利空消息满天飞，炒家们趁机大肆造谣，扬言"人民币顶不住了，马上就要贬值，且要贬10%以上""港币即将与美元脱钩，贬值40%""恒指将跌至4 000点"云云。其目的无非是扰乱人心，制造"羊群心态"，然后趁机浑水摸鱼。8月13日，恒生指数一度下跌300点，跌穿6 600点关口，收市时跌幅收窄，但仍跌去199点，报收6 660点。其走势与沪深股市2001年下半年的情况非常相似，天天响地雷，周周都下跌，"推倒"趋势震撼人心。

在压低恒生指数的同时，国际炒家在恒指期货市场积累大量淡仓。恒生指数每跌1点，每张淡仓合约即可赚50港元，而在8月14日的前19个交易日，恒生指数就急跌2 000多点，每张合约可赚10多万港元，可见收益之高！

第一回合：8月13日恒指被打压到了6 660低点后，香港特区政府调动港资、华资及英资入市，与对手展开针对8月股指期货合约的争夺战。投机资本是"空军"，要打压指数；香港特区政府是"红军"，要守住指数，迫使投机家事先高位沽空的合约无法于8月底之前在低位套现。香港特区政府入市后大量买入投机资本抛空的8月股指期货合约，将价格由入市前的6 610点推高到24日的7 820点，涨幅超过8%，高于投资资本7 500点的平均建仓价位，取得初步胜利，收市后，香港特区政府宣布，已动用外汇基金干预股市与期市。但金融狙击手们仍不甘心，按原计划于8月16日迫使俄罗斯宣布放弃保卫卢布的行动，造成8月17日美欧股市全面大跌。然而，使他们大失所望的是，8月18日恒生指数有惊无险，在收市时只微跌13点。

第二回合：双方在8月25日至28日展开转仓战，迫使投机资本付出高额代价。27日和28日，投机资本在股票现货市场倾巢出动，企图将指数打下去。香港特区政府在股市死守的同时，经过8天惊心动魄的大战，在期货市场上将8月合约价格推高到7 990点，结算价为7 851点，比入市前高1 200点。8月27日、28日，香港特区政府将所有卖单照单全收，结果27日交易金额达200亿港元，28日交易金额达790亿港元，创下香港最高交易记录。

27日，8月期货结算前夕，香港特区政府摆出决战姿态。虽然当天全球金融消息极坏，美国道·琼斯股指下挫217点，欧洲、拉美股市下跌3%~8%，香港股市面临严峻考验。据市场人士说，香港特区政府一天注入约200亿港元，将恒生指数稳托上升88点，为最后决战打下了基础。

同日，国际投机家量子基金宣称：金融消息极坏必败。投机香港市场的国际大炒家索罗斯量子基金首席投资策略师德鲁肯米勒在接受CNBC电视台的访谈中，他首先承认量子基金一直在沽空港元和恒生期指，并说，由于香港经济并不乐观，所以香港特区政府在汇市与股市对国际投资人发起的"战争"中将以失败告终。索罗斯虽然每次动作都是大手笔，但从来不公开承认自己在攻击某种货币，这种以某个公司或部分人的名义公开给一个政府下战书，扬言要击败某个政府的事件闻所未闻、史无前例。

28日是期货结算期限，炒家们手里有大批期货单子到期而必须出手。若当天股市、汇市能稳定在高位或继续突破，炒家们将损失数亿甚至10多亿美元的老本，反之香港特区政府前些日子投入的数百亿港元就扔进大海。当天双方交战场面之激烈远比前一天惊心动魄。全天成交额达到创历史纪录的790亿港元。香港特区政府全力顶住了国际投机者空前的抛售压力，最后闭市时恒生指数为7 829点，比金管局入市前的8月13日上扬了1 169点，增幅达17.55%。

香港财政司司长曾荫权立即宣布：在打击国际炒家、保卫香港股市和货币的战斗中，香港特区政府已经获胜。香港市场人士估计，香港特区政府在这两星期托市行动中，投入资金超过1 000亿港元，集中收购了香港几大蓝筹股公司的股票，预计持有相当于香港股市2 100亿美元总市值4%的股票，成为多家香港蓝筹股公司的大股东。

香港期货交易所于29日推出三项新措施：自8月31日开市起，对于持有1万张以上恒指期货合约的客户，征收150%的特别按金，即每张恒指期货合约按金由8万港元调整为12万港元；将大量持仓呈报要求由500张合约降至250张合约必须呈报；呈报时亦须向期交所呈报大量仓位持有人的身份。

31日，在政府终止扶盘行动后股市猛跌7.1%，但其跌幅比市场人士预期的小。恒生指数下滑554.70点，闭市报7 257.04点，全场成交总值仅66亿港元，不到上星期五的历史最高记录790亿港元的十分之一。而有些投资者原本预测该指数可能大泻15%。

但投机资本并不甘休，其认为香港特区政府投入了约1 000亿港元，不可能长期支撑下去，因而决定将卖空的股指期货合约由8月转仓至9月，与香港特区政府打持久战。从8月25日开始，投机资本在8月合约平仓的同时，大量卖空9月合约。与此同时，香港特区政府在8月合约平仓获利的基础上乘胜追击，使9月合约的价格比8月合约的结算价高出650点。这样，投机资本每转仓一张合约要付出3万多港元的代价。投资资本在8月合约的争夺中完全失败。

第三回合：香港特区政府在9月份继续推高股指期货价格，迫使投机资本亏损离场。9月7日，香港特区政府金融管理部门颁布了外汇、证券交易和结算的新规定，使炒家的投机受到限制，当日恒生指数飙升588点，以8 076点报收。同时，日元升值、东南亚金融市场的稳定，使投机资本的资金和换汇成本上升，投机资本不得不败退离场。9月8日，9月合约价格升到8 220点，8月底转仓的投机资本要平仓退场，每张合约又要亏损4万港元。9月1日，在对8月28日股票现货市场成交结果进行交割时，香港特区政府发现由于结算制度的漏洞，有146亿港元已成交股票未能交割，炒家得以逃脱。

在此次连续10个交易日的干预行动中，香港特区政府在股市、期市、汇市同时介入，力图构成一个立体的防卫网络，令国际炒家无法施展其擅长的"声东击西"或"敲山震虎"的手段。具体而言，香港特区政府针对大部分炒家持有8 000点以下期指沽盘的现状，冀望把恒生股指推高至接近8 000点的水平，同时做高8月期指结算价，而放任9月期指回落，拉开两者之间空档。即便一些炒家想把仓单从8月转至9月，也要为此付出几百点的入场费，使成本大幅增高。在具体操作上，香港特区政府与国际炒家将主要战场放在大蓝筹股上，主要包括汇丰、香港电讯、长实等股票。这些股票股本大、市值高，对恒生指数涨落举足轻重。以汇丰为例，该股占恒生股指的权重达到30%，故成为多空必争之股。至1999年8月底，当时购入的股票经计算，账面盈利约717亿港元，增幅60.8%，恒生指数又回升至13 500点。国际炒家损失惨重，香港特区政府入市大获成功。据称，仅索罗斯就赔了8亿美元。

资料来源：佚名. 东南亚金融危机的形成，索罗斯如何操控［EB/OL］. （2008-11-18）［2016-6-26］. http://blog.sina.com.cn/s/blog_53e1bdac0100b40v.html.

四、实验报告

实验报告要求写清楚个人的操作步骤，重点写明如何解决交易中出现的问题。

（1）进入大智慧B/S模拟交易系统的外汇界面，了解外汇模拟交易系统的构成。

（2）进入大智慧B/S模拟交易系统的外汇界面，了解主要货币的行情。

（3）进入大智慧B/S模拟交易系统的外汇界面，了解汇率的类型。

（4）进入大智慧 B/S 模拟交易系统的外汇界面，了解外汇银行对外汇的报价方式。

（5）选择美元、欧元、英镑、日元、港币、瑞士法郎等货币的资讯信息，了解影响它们走势的主要因素，这些因素包括经济、政治、心理、政策或者新闻因素等。

（6）根据这些因素对汇率走势的影响，进而判断这些货币的大致走势。

（7）进入大智慧 B/S 模拟交易系统，进行国际外汇的技术指标分析，了解相应货币的技术指标及图形。

（8）可重点看看该货币的 K 线图、移动平均线、MACD、KDJ、RSI 指标等。

第二节　外汇实盘交易

一、实训目的与要求

本实训的目的是使实训者掌握外汇实盘交易的相关知识和技能。通过本实训，要求学会运用技术分析手段选择货币进行实盘操作；学会运用一国利率变动的影响因素对所选择货币对进行分析；学会运用国际资本流动影响因素对所选择货币对进行分析。

二、实训指南

（一）个人外汇买卖概述

个人外汇买卖一般有实盘和虚盘之分，目前只能进行实盘外汇买卖。个人实盘外汇买卖，俗称"外汇宝"，是指个人客户在银行通过柜面服务人员或其他电子金融服务方式进行的不可透支的可自由兑换外汇（或外币）间的交易。个人虚盘外汇买卖，是指个人在银行交纳一定的保证金后进行的交易金额可放大若干倍的外汇（或外币）间的交易。传统的储蓄业务是一种存取性业务，以赚取利息为目的。个人实盘外汇买卖是一种买卖性业务，以赚取汇率差额为主要目的，同时客户还可以通过该业务把自己持有的外币转为更有升值潜力或利息较高的外币，以赚取汇率波动的差价或更高的利息收入。凡持有有效身份证件，拥有完全民事行为能力和一定金额外汇（或外币）的境内居民个人均可进行个人实盘外汇交易。

（二）个人实盘外汇买卖的货币概述

个人实盘外汇买卖可交易的货币主要有美元（USD）、欧元（EUR）、日元（JPY）、英镑（GBP）、澳元（AUD）、加元（CAD）、瑞士法郎（CHF）等主要货币，也包括荷兰盾、法国法郎、德国马克、比利时法郎、新加坡元等货币。客户可以通过个人实盘外汇买卖进行以下两类交易：

（1）美元兑欧元、美元兑日元、英镑兑美元、美元兑瑞士法郎、美元兑港元、澳大利亚元兑美元（还可以进行美元兑加拿大元、美元兑荷兰盾、法国法郎、美元兑德国马克、美元兑比利时法郎、美元兑新加坡元）。

（2）以上非美元货币之间的交易，如英镑兑日元、澳大利亚元兑日元等，在国际市场上，此类交易被称为交叉盘交易。在个人实盘外汇买卖中，英镑、澳元和欧元兑美元的报价，英镑、澳元和欧元是基准货币，其余的货币兑美元的报价中，美元是基准货币。如果客户手上只有人民币而没有外币，不可以进行个人实盘外汇买卖，因为个人实盘外汇买卖是外币和外币之间的买卖，而人民币并不是可自由兑换货币，因此人民币不可以进行个人实盘外汇买卖。

（三）个人实盘外汇买卖的要求

个人外汇买卖的价格由基准价格和买卖价差两部分构成。买价为基准价格减买卖差价，卖价为基准价格加买卖价差。受国际上各种政治、经济因素以及各种突发事件的影响，汇价经常处于剧烈的波动之中，因此客户在进行个人实盘外汇买卖时，应充分认识到风险与机遇并存。做个人实盘外汇买卖，客户通过柜台进行交易，最低金额一般为100美元，电话交易、自助交易的最低金额略有提高，无论通过以上哪种方式交易，都没有最高限额。

个人实盘外汇买卖有柜台交易、电话交易、自助交易三种交易手段，各有优点：柜台交易，有固定的交易场所，可感受到人气氛围，特别适合初涉外汇宝交易的投资者；电话交易，成交迅捷，并可异地操作，特别适合工作繁忙的白领投资者；自助交易，信息丰富，并提供多种技术分析图表，特别适合对外汇交易有一定经验的投资者。另外，家居银行和网上银行都有可能增加个人外汇买卖业务。如果客户进行柜台交易或自助交易，交易时间仅限银行正常工作日的工作时间，一般为9：00至17：00（有的分行可延长至21：00）。如果客户进行电话交易，一般为8：30至21：00。如果客户进行柜台交易，只需将个人身份证件以及外汇现金、存折或存单交柜台服务人员办理即可。如要进行电话交易或自主交易，则需带上本人身份证件以及外汇现金、存折或存单，到银行网点办理电话交易或自主交易的开户手续后，才可进行交易。

（四）个人实盘外汇买卖交易方式

目前有市价交易和委托交易两种。市价交易，又称时价交易，即根据银行当前的报价即时成交；委托交易，又称挂盘交易，即投资者可以先将交易指令留给银行，当银行报价到达投资者希望成交的汇价水平时，银行电脑系统就立即根据投资者的委托指令成交，目前此种交易方式只适用于电话交易、自助交易。根据国际外汇市场惯例，外汇交易的步骤为询价、报价、成交、证实（交易汇率、买卖货币名称、买卖金额）。一旦成交，汇价水平、交易金额、交易币种等细节已经确定，对交易双方都具有约束力，不可以反悔，也不可以撤销。个人实盘外汇买卖的清算方式采用T+0制度，客户进行柜台交易，及时完成了货币的互换。客户进行电话交易或自主交易，在完成一笔交易之后，银行电脑系统立即自动完成资金交割。也就是说，如果行情动荡，投资者可以在一天内抓住多次获利机会。

三、实训案例

登录大智慧B/S模拟交易系统，点击外汇，选择某一外汇报价，如美元日元（USDJPY），如图6-1所示。点击不同选项，如分时走势图、K线图、实盘下单、保证金下单等，进入不同界面。

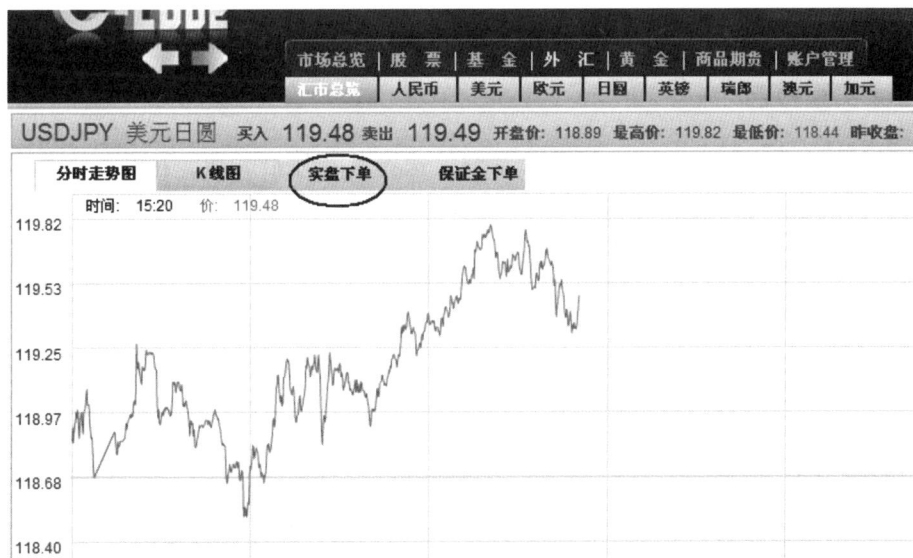

图6-1　外汇交易界面（一）

点击实盘下单，进入下单界面，如图6-2所示。系统默认你拥有美元，在下单界面下，卖出美元，买入你所希望的货币，输入价格和数量，点击确定交易，即可完成实盘交易。

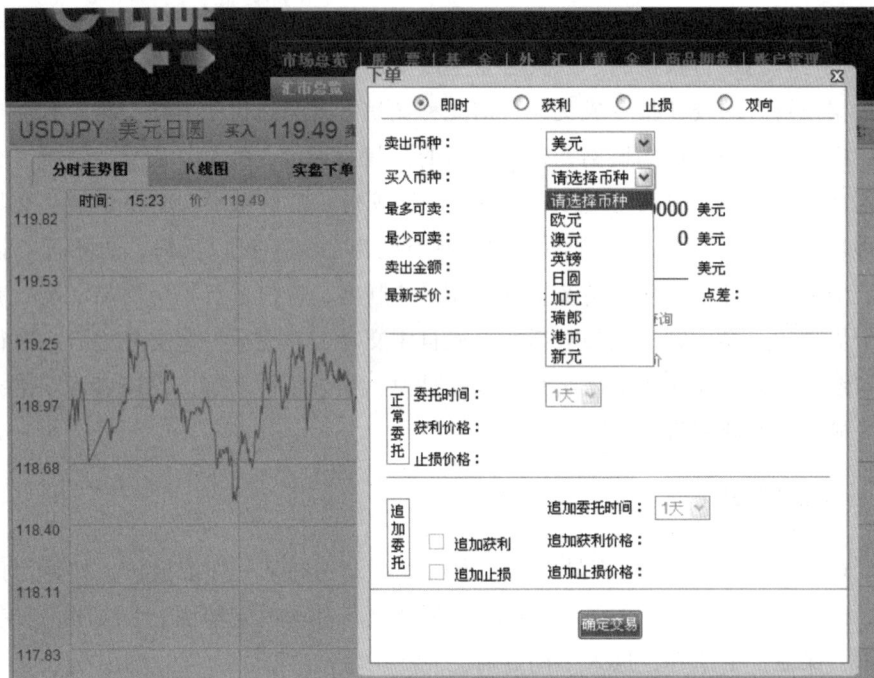

图6-2 外汇实盘交易界面

四、实验报告

（1）进入大智慧B/S模拟交易系统，选择某一外汇品种，打开汇率走势图，运用技术指标进行分析。

（2）在基本分析和技术分析的基础上，对该品种进行实盘交易。

（3）对所了解的一个国家利率变动状况及其货币汇率行情进行统计记录，并分析影响其变化的因素。

（4）根据一国宏观经济发展与技术分析相结合的分析方法，选择货币对进行操作，技术分析部分需要附图，标明买卖点。

（5）交易心得并附交易记录。

第三节　外汇保证金交易

一、实训目的与要求

本实训的目的是使实训者掌握外汇保证金交易的相关知识和技能。通过本实训，要求学会外汇保证金交易的操作；学会运用保证金交易的原理确认多头交易和空头交易。

二、实训指南

外汇保证金交易最初产生于20世纪80年代的伦敦。外汇保证金交易就是投资者以银行或经纪商提供的信托进行外汇交易。它是利用杠杆投资的原理，在金融机构之间及金融机构与投资者之间进行的一种远期外汇买卖方式。在交易中投资者只需支付一定的保证金就可以进行100%额度的交易，使得那些拥有小额资金的投资者也能参与到金融市场上进行外汇交易。从发达国家的水平来看，一般的融资比例维持在10～20倍。换言之，如果融资比例在20倍，那么投资者只需要支付5%左右的保证金就能够进行外汇交易了，即投资者只需要支付5 000美元就能进行100 000美元的外汇交易。

举个例子，投资者A进行外汇保证金交易，保证金比例为1%，如果投资者预期日元将上涨，那么其实际投入10万美元的保证金，就可以买入合同价值为1 000万美元的日元。如日元兑美元的汇率上涨1%，那么投资者就能够获利10万元美元，实际的收益率达到100%。但是如果日元下跌1%，那么投资者将血本无归，其投入的本金将全部亏光。一般当投资者的损失超过一定额度后，交易商有权实施停止损失的机制。虽然外汇保证金交易有其优势，但是也有很大的风险。

以AUD/USD（澳元/美元）为例。假如目前价格为0.8375左右，即1澳元兑换0.8375美元。这个时候你如果认为澳元会继续升值，就可以在现价买入（多）AUD/USD，一个星期后澳元升值到0.8420的时候，你平仓结利，即赚了45个点。但如果一个星期后，价格跌落到0.8225，那么，你就亏了150个点。当然，如果在0.8375的时候认为澳元不会继续升值，如果选择卖出（空）AUD/USD，那么，你就赚了150个点。习惯上外汇的盈亏以点数计，最后再折算成相应的美元。

汇价一般以5位数字表示，最后的一位数字变动1，为最小汇价变动，称为1点。

买入价和卖出价之间的差称为点差。

保证金交易的最小单位：如果是标准账户，一般经纪商提供的最小交易单位是1手，其成交量是10万基础货币；如果是迷你账户，则1手的成交量是标准账户的1/10。

比如成交1手USD/JPY，实际成交相当于实际买（卖）10万美元的美元/日元。如果是1手EUR/USD，则实际成交相当于价值10万欧元的欧元/美元。

国际外汇市场是一个不分昼夜、24小时连续运行的市场，国际各主要外汇市场开盘收盘时间如下（北京时间）：

新西兰惠灵顿外汇市场：4：00—12：00。

澳大利亚外汇市场：6：00—14：00。

日本东京外汇市场：8：00—14：30。

新加坡外汇市场：9：00—16：00。

英国伦敦外汇市场：15：30—0：30。

德国法兰克福外汇市场：15：30—0：30。

美国纽约外汇市场：21：00—4：00。

三、实训案例

登录大智慧B/S模拟交易系统，进入外汇交易页面，点击保证金下单，如图6-3所示。

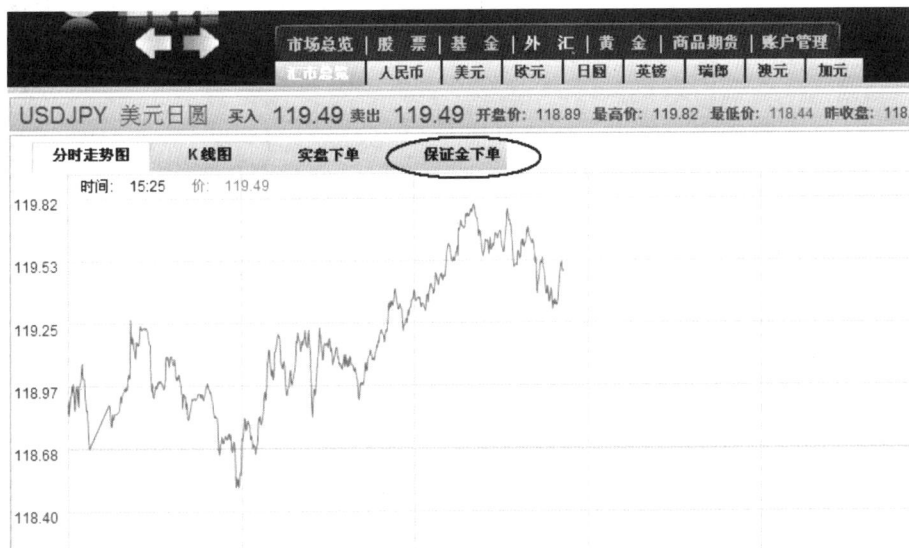

图6-3　外汇交易界面（二）

进入即时下单界面，如图6-4所示，选择交易方向、产品类型，输入委托手数，以当前买入价格或卖出价格即时成交。

点击限价委托，进入限价委托下单界面，如图6-5所示，选择交易方向、产品类型，输入委托汇率、委托手数，委托价格连续竞价成交。同时还可以设定委托终止时间、追加获利以及追加止损等。

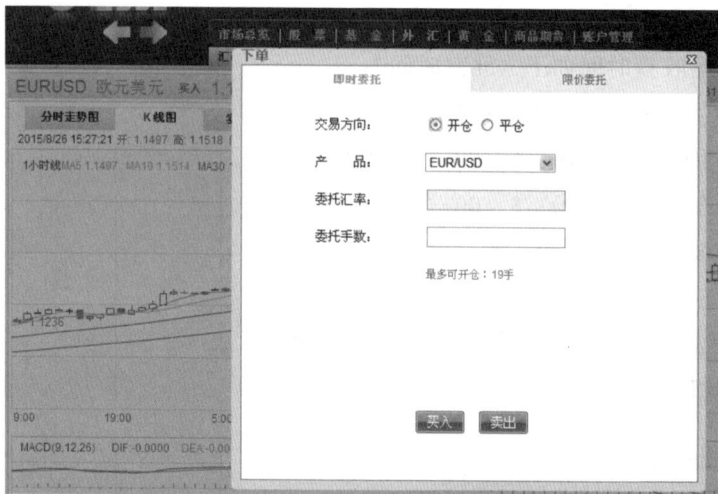

图6-4 外汇保证金交易即时委托界面

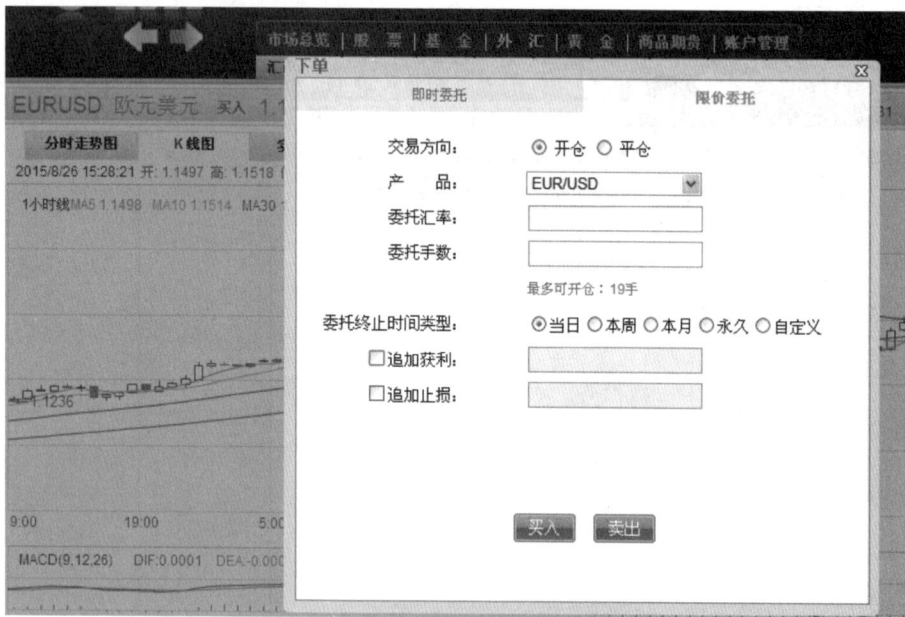

图6-5 外汇保证金交易限价委托界面

四、实训报告

（1）进入大智慧B/S模拟交易系统外汇界面，选择某一外汇品种，打开汇率走势图，运用技术指标进行分析，在下面写出交易品种，分析价格走势。

（2）进入大智慧 B/S 模拟交易系统外汇模拟交易界面，对选择的品种进行保证金交易，熟悉交易流程，在下面写出交易流程。

（3）熟悉在保证金交易下的外汇买卖价格的确认和开仓平仓的使用。

（4）结合技术分析的方法，根据所选货币的走势（看涨）做多头外汇模拟交易操作和空头外汇模拟交易操作，并附图标明买卖点。

（5）总结交易心得并附交易记录。

第七章
债券与基金投资分析

第一节　债券投资

一、实训目的与要求

本实训的目的是使实训者掌握债券投资的基本知识。通过本实训，要求了解中国主要的债券种类、投资方法、价格影响因素及收益情况，能够作为普通投资者在各类债券市场进行投资。

二、实训指南

（一）债券及其分类

债券是发行者依照法定程序发行，并约定在一定期限内还本付息的有价证券，是表明投资者与筹资者之间债权债务关系的书面凭证。

债券种类很多，按照不同的标准，可以进行如下划分：

按照发行主体不同，债券可以分为国家债券、国家代理机构债券、金融债券和企业债券、国际债券等。

按债券的期限不同，债券可以分为短期债券（1年以下）、中期债券（1～10年）和长期债券（10年以上）。

按利息的支付方式不同，债券可以分为一般付息债券、附息票债券和贴现债券。

按债券的信用形式不同，债券可以分为信用债券、抵押债券、担保债券。

按投资人的收益能力和权益不同，债券可以分为固定利率债券、浮动利率债券、累进利率债券、参加债券（分红债券）、收益债券、免税债券、附新股认购权债券、可转换债券。

（二）中国债券市场的发展

债券是我国最早发行的证券投资工具。1950年，我国为弥补财政赤字、抑制通货膨胀而发行"人民胜利折实公债"；1954—1958年，为筹集建设资金而发行"国家经济建设公债"。但是，我国债券市场的发展是从1981年恢复发行国债开始的，经历了曲折的探索历程。1996年建立债券中央托管机构后，中国债券市场进入快速发展阶段。目前，我国债券市场形成了包括银行间市场、交易所市场和商业银行柜台市场三个子市场在内的统一分层的市场体系。中央国债登记结算有限公司（以下简称"中央结算公司"，英文简称"CCDC"）作为债券中央托管机构，为中国债券实行集中统一托管，又根据参与主体层次性的不同，相应实行不同的托管结算安排。

1997年6月，全国银行间债券市场在上海成立，银行间市场是债券市场的主体，债券存量约占全市场的95%。这一市场参与者是各类机构投资者，属于大宗交易市场（批发市场），实行双边谈判成交，典型的结算方式是逐笔结算。中央结算公司为银行间市场投资者开立证券账户，实行一级托管；中央结算公司还为这一市场的交易结算提供服务。负责托管业务的是中债登和上清所两家机构。中债登采用全额、实时、逐笔双边清算方式，即"券款对付"制度，上清所提供现券交易净额清算服务，即交易对手方清算机制。

交易所市场是另一重要部分，它由各类社会投资者参与，属于集中撮合交易的零售市场，典型的结算方式是实行净额结算。交易所市场实行两级托管体制，其中，中央结算公司为一级托管人，负责为交易所开立代理总账户，中国证券登记结算公司（简称"中证登"）为债券二级托管人，记录交易所投资者账户，中央结算公司与交易所投资者没有直接的权责关系。交易所交易结算由中证登负责。

商业银行柜台市场是银行间市场的延伸，也属于零售市场。柜台市场实行两级托管体制，其中，中央结算公司为一级托管人，负责为承办银行开立债券自营账户和代理总账户，承办银行为债券二级托管人，中央结算公司与柜台投资者没有直接的权责关系。与交易所市场不同的是，承办银行日终需将余额变动数据传给中央结算公司，同时中央结算公司为柜台投资人提供余额查询服务，成为保护投资者权益的重要途径。

（三）中国当前主要的债券种类

中国当前的债券种类有记账式国债、地方政府债、政策性银行债券、央行票据、企业债券、资产支持证券、商业银行债券、政府支持机构债。以2014年为例，中国的债券结构情况如下：政府债券和政策性银行债券占到债券发行总量的72%以上；其次是企业债券，占到当年发行总量的11.7%；商业银行债券占比较少，只占到发行量的1.4%（见表7-1）。

表7-1   **2014年我国债券市场品种结构**

项目	次数	发行量（亿元）	占比（%）
合计	1 458	59 517.84	
政府债券	112	20 247.35	34.02
记账式国债	59	14 363.30	
储蓄国债（电子式）	10	1 884.05	
地方政府债	43	4 000.00	
央行票据	0	0.00	0
政策性银行债券	426	22 980.52	38.61
国家开发银行	219	11 405.42	
中国进出口银行	84	5 025.10	
中国农业发展银行	123	6 550.00	
政府支持机构债券	11	1 500.00	2.52
商业银行债券	46	834.00	1.40
普通债	46	834.00	
次级债	0	0.00	
混合资本债	0	0.00	
资本工具	43	3 568.50	5.99
二级资本工具	43	3 568.50	
非银行金融机构债券	13	632.00	1.06
企业债券	583	6 961.98	11.70
中央企业债券	11	368.00	
地方企业债券	564	6 530.50	
集合企业债	8	63.48	
资产支持证券	224	2 793.50	4.69
中期票据	0	0.00	
集合票据	0	0.00	
外国债券	0	0.00	
国际机构债券	0	0.00	
其他债券	0	0.00	

2014年我国债券市场余额见表7-2。

表7-2 　　　　　　　　　　　　　**2014年债券市场余额情况**

项目	余额（亿元）	托管只数
全市场	356 449.55	11 075
中央结算公司登记托管的债券	287 305.61	4 858
上海清算所登记托管的债券	55 643.20	4 818
中证登登记托管的债券	13 500.74	1 399

（四）债券投资收益的影响因素

一般情况下，债券的收益由三部分构成：利息收入、买卖差价以及利息再投资收益。

影响债券收益的因素很多，可以把这些因素分为内部因素和外部因素。内部因素主要是债券的票面利率、期限和信用级别等；外部因素主要有基准利率、市场利率和通货膨胀率等。在其他因素不变的情况下，只要上述某一个因素发生了变化，债券的收益率就会发生变化。

1.内部因素

（1）债券的票面利率。

债券的票面利率是债券发行的重要条件之一，其高低主要取决于两个因素：一是债券发行人的资信情况。一般来说，在其他因素相同的情况下，发行人的资信水平越高，债券的利率越低；资信水平越低，债券的利率越高。二是发行时市场利率的高低。一般来说，在不考虑发行折价策略的情况下，发行时市场利率越高，则债券的票面利率越高；市场利率越低，发行时票面利率越低。

（2）债券的发行价格和交易价格。

由于债券票面利率和实际利率有差别，所以它的发行价往往高于或低于面值。债券价格若高于面值，则它的实际收益率将低于票面利率；反之，实际收益率则高于票面利率。债券的交易价格是投资者从二级市场上买卖债券的价格，其价差将直接影响到债券收益率的高低。

（3）债券的期限。

在其他因素相同的情况下，债券期限越长，票面利率越高；反之，票面利率越低。除此之外，当债券价格与票面金额不一致时，期限越长，债券价格与面额的差额对收益率的影响越小。当债券以复利方式计息时，由于复利计息实际上是考虑了债券利息收入再投资所得的收益，所以债券期限越长，其收益率越高。

（4）债券的信用级别。

发行债券主体的信用级别是指债券发行人按期履行合约规定的义务，足额支付利息和本金的可靠程度。一般来说，除了政府发行的债券之外，其他债券都存在违约风险和信用风险。但不同债券的信用风险不同，这种不同主要从债券的信用级别体现出来。信用级别越低的债券，其隐含的违约风险越高，因而其票面利率相对越高。

（5）提前赎回条款。

提前赎回条款是债券发行人拥有的一种选择权，它允许债券发行人在债券到期前按约定的赎回价格部分或全部偿还债务。这种规定在财务上对发行人是有利的，因为发行人可以在市场利率降低时发行较低利率债券，取代原先发行的利率较高的债券，从而降低融资成本。但对投资者来说，他的再投资机会受到限制，再投资利率也较低，这种风险要从价格上得到补偿。因此，具有较高提前赎回可能性的债券应具有较高的票面利率，其内在价值相对较低。

（6）税收待遇。

一般来说，免税债券和税收推迟债券具有一定的优势，其价格相应较高。因为，免税债券的到期收益率比类似的应纳税债券的到期收益率低。

（7）流动性。

流动性是指债券可以随时变现的性质。这一性质使债券具有可规避由市场价格波动而导致实际价格损失的能力。如果某种债券按市价卖出很困难，持有者会因为该债券的流动性差而遭受损失，这种损失包括较高的交易成本以及资本损失，这种风险必须在债券定价中得到补偿。因此，流动性好的债券与流动性差的债券相比，具有较高的内在价值。

2.外部因素

（1）基础利率。

基础利率一般指无风险利率。政府债券利率可以近似看作无风险利率，其风险最低，因而票面利率也较低。基础利率的高低是决定债券票面利率的重要因素。其他债券在发行的时候，总要在无风险利率的基础上增加风险溢价以弥补投资者所额外承担的风险。因此，基础利率越高，债券的票面利率也会越高。

（2）市场利率。

市场利率属于债券投资的机会成本。在市场利率上升时，新发行债券的收益率也会上升，但已发行债券的市场价格会下跌，因而持有已发行债券的投资者就会遭受损失。相反，在市场利率下降时，已发行债券的市场价格就会上升，持有者会因此受益，但新发行债券的收益率会下降。

（3）通货膨胀。

通货膨胀通常是指一般物价水平的持续上升。通货膨胀的存在使投资者从债券投资中所获得的收益不能弥补由于通胀而造成的购买力损失。

（五）个人投资者投资债券的渠道和方法

债券市场的参与者主要是机构投资者，特别是银行间债券市场，个人投资者不能参与投资。个人投资者能够参与的债券市场为交易所市场和商业银行柜台市场。个人投资者可以在这两个市场进行所有债券的购买、查询和卖出业务。

通过同花顺看盘软件可以看到我国4大类4000多种债券的名称、代码和交易情况。交易者可以通过证券账户进行网上交易，只要输入某只债券的代码，网上自动会显示市价，根据你的资金情况，也会显示你可能的购买量，交易者只要选择适当的购买量，就能够购买成交。当然，卖出也是一样，与股票卖出相同，输入债券代码和相应的售出量，根据市场价格，市场会自动撮合成交。

如果没有交易账户，交易者也可以在银行柜台购买和卖出债券，如果开通了网上银行业务，个人投资者就可以通过网上银行购买和卖出债券。

三、实训案例

（一）国债

单击债券就可以查看所有上市的债券现价情况，也可以查看每只债券的K线图，以债券代码为010107债券为例，其基本情况如表7-3所示。

由于010107为2001年发行的20年到期、票面利率为4.26%的长期国债，所以发行价格为100元，一手是10张债券，20年后每张债券返还100元，每半年付一次利息，每张利息为2.13元，该利息可直接用于再投资。

（二）企业债

长江电力（600900）发行的第一期公司债券"07长电债"于2007年10月12日在上证所正式上市交易，这是国内获准发行的首只公司债券，标志着我国公司债市场正式诞生。

第一期"07长电债"发行总额为40亿元，票面利率为5.35%，证券代码为"122000"，通过上证所竞价系统和固定收益证券综合电子平台上市交易。上市后该债券可进行质押式回购，质押券申报和转回代码为"104000"。

表 7-3   21国债（7）基本情况表

债券代码	010107
债券简称	21国债(7)
债券全称	2001年记账式(七期)国债
债券品种	普通型国债
交易市场	上海证券交易所
发行人	财政部
发行年度	2001
期限(年)	20
发行价(元)	100.00
发行方式	挂牌分销
发行起始日	2001-07-31
发行终止日	2001-08-07
发行对象	境内法人和自然人
计划发行量(亿)	240
实际募集额(亿元)	
票面金额(元)	100
票面利率(%)	4.26

债券价格一般变动不大，如图7-1所示。该债券从2007年10月上市至2016年3月2日，最高价114元，最低价90.1元，现价103.7元，收益稳定，特别是在其他投资工具风险较大的情况下，债券作为一种替代性投资工具，有一定的投资价值。

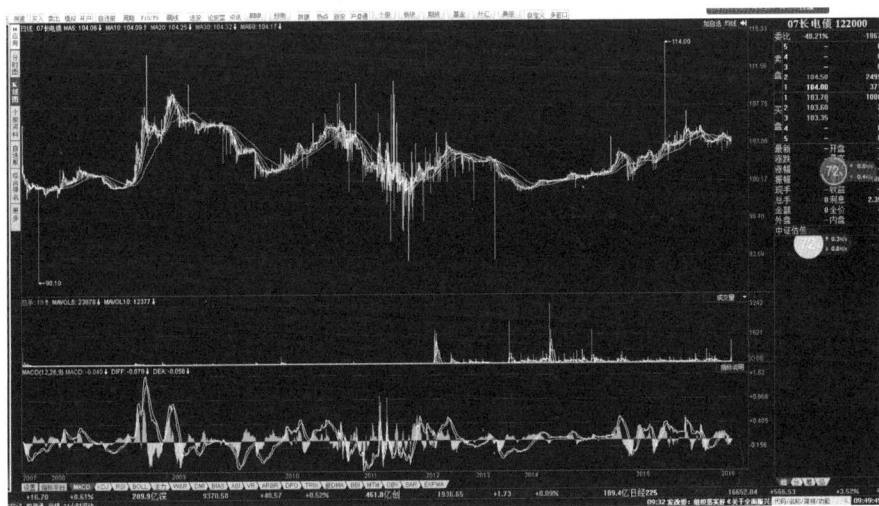

图7-1 "07长电债"2007年10月到2016年3月K线图

四、实训报告

（1）请写出表7-4中相应的债券名称、债券代码和债券种类。

表7-4 债券统计表

债券名称	债券代码	债券种类
	110030	
01三峡债		
13宿城质		地方债
	19117	国债
07国债03		
12汕城质		
12桂林质		
13日照债		

（2）请找出一只国债，并下载其价格走势，贴于下面空白处。

第二节　基金投资

一、实训目的和要求

本实训的目的是使实训者掌握基金投资的基本知识。通过本实训，要求了解中国证券投资基金的发展、种类和投资方法，能够进行实际的基金投资。

二、实训步骤

（一）基金及其分类

证券投资基金是指通过公开发售基金份额募集资金，由基金托管人托管，基金管理人管理和运用资金，为基金份额持有人的利益，以资产组合和方式进行证券投资的一种利益共享、风险共担的集合投资方式。

证券投资基金按照不同标准可以分为不同类型。

按照投资基金的组织形式分类，基金可以分为公司型基金和契约型基金。

按照投资基金能否赎回分类，基金可以分为封闭式基金和开放式基金。

按照投资基金投资标的分类，基金可以分为股票基金、债券基金、货币市场基金、指数基金、不动产基金、创业基金、贵金属基金、期货基金、期权基金、认股权证基金、对冲基金。

按照投资基金收益风险目标分类，基金可以分为成长型基金、收入型基金、平衡型基金。

按照投资理念分类，基金可以分为主动型基金和被动型基金（指数型基金）。

根据投资来源和运用地域分类，基金可以分为国内投资基金、国际投资基金、离岸基金、海外基金。

还有一些特殊类型的基金，包括 LOF（Listed Open-end Fund）——上市型开放式基金、ETF（Exchange-Traded Funds）——开放式指数基金或交易所交易基金、保本基金、分级基金、复制基金、QFII、QDII、RQFII 等。

（二）我国证券投资基金的发展

我国证券投资基金发展历程比较短，从第一只基金发行至今，共 20 多年的时间，按照其规范发展的情况及监管制度不同，可以分为三个阶段：

1992—1997 年为摸索阶段，该阶段以中国人民银行作为主管机关。在沪深交易所上市的基金有 25 只，在大连、武汉、天津证券交易中心联网交易的基金数量达 28 只，但此时基金规模很小，运作也很不规范，而且专业性基金管理公司很少，不足 10 家，业界将此阶段设立的基金称为"老基金"。

　　1997 年 11 月 14 日，《证券投资基金管理暂行办法》正式颁布，1998 年 3 月，按照新法规的规定，两只封闭式基金——基金金泰和基金开元设立，分别由国泰基金管理公司和南方基金管理公司管理，从而开启了中国证券基金业的新纪元。当年发行了 5 只基金，净值 107.40 亿元。

　　2003 年 10 月 28 日，第十届全国人民代表大会常务委员会第五次会议通过了《中华人民共和国证券投资基金法》，并于 2004 年 6 月 1 日起正式实施，以法律形式确认了证券投资基金在资本市场中的地位和作用，成为中国证券投资基金业发展史上的一个重要里程碑。证券投资基金业从此进入了崭新的发展阶段，基金数量和规模迅速增长，市场地位日益重要。随着中国经济的发展，中国基金业呈现一片繁荣景象。

（三）中国证券投资基金的规模和结构

　　截至 2015 年 5 月 5 日，根据中国基金网（www.chinafund.cn）数据，在不包含 ETF 联接基金的情况下，基金发行规模为 54 796.88 亿元人民币，基金公司数量为 100 家，发行基金数量为 2 984 只，平均每家基金公司 3 只基金（见表 7-5）。

表 7-5　　　　　　　　　基金规模和结构（截至 2015 年 5 月 5 日）

基金类型	基金规模（亿元）	基金规模占比（％）	基金数量（只）	基金数量占比（％）
股票型	15 648.34	28.56	804	26.94
混合型	11 212.9	20.46	526	17.63
债券型	2 935.29	5.36	593	19.87
货币型	2 160.38	3.94	337	11.29
其他型	22 839.97	41.68	724	24.26
总计	54 796.88		2 984	

　　中国天天基金网 2015 年 7 月 14 日数据显示，目前该网基金总数为 2 599 只，其中股票型基金 780 只，混合型基金 720 只，债券型基金 747 只，指数型基金 338 只，ETF 联接型基金 71 只，QDII 基金 120 只，LOF 基金 130 只（如图 7-2 所示）。

　　其中指数型基金中 ETF 基金在中国发展较快，截至 2015 年 7 月 10 日，中国有各类 ETF 基金 107 只，其详细内容可查询 ETF 基金网（www.ETFjijin.com）。

　　ETF 基金和 ETF 联接基金是两种不同基金类型，两者既有相同点，又有不同点。

　　相同点主要有两点：

　　（1）ETF 与 ETF 联接基金同为指数基金，其涨跌、收益与所跟踪的指数密切相关。

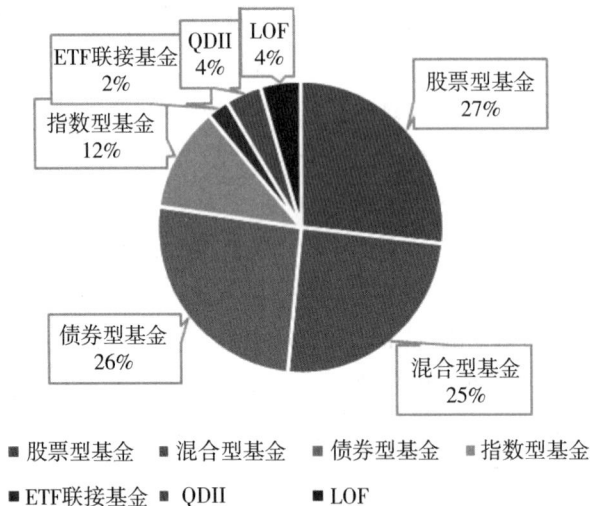

图7-2　中国基金的种类结构

（2）ETF与ETF联接基金跟踪同一指数，因此两者具有相似的业绩表现与风险收益特征。

两者的不同点主要有以下四个方面：

（1）ETF可以在二级市场买卖，联接基金不可以。

（2）ETF投资指数成分股，联接基金直接投资ETF。

（3）ETF申购赎回门槛高（最小单位通常为上百万份），只能通过券商提交，联接基金门槛低，联接基金可以通过场外渠道申购赎回。

（4）联接基金的资产将主要投资于目标ETF，所以对目标ETF的影响是会迅速扩大目标ETF的规模，规模扩大将使目标ETF的交投更活跃。

由于两者的相似性，因此对于一般投资者而言，两者的风险收益差别不大，投资者可以选择两者之中任何一者。鉴于ETF的申购赎回门槛比较高，ETF联接基金的意义在于，对个人普通投资者而言，尤其是为想通过基金定投换取长期收益的投资者提供了通过银行间接投资ETF的渠道。

（四）基金投资的方法

基金投资的方法包括一般投资法和基金定投两种。

1.基金一般投资法

基金一般投资法是指一次投资，投资者运用所投资金一次投入买入或申购基金。基金的三大主流渠道是银行、券商和基金公司。银行投资：投资者需要开立银行账户并开通网银业务，就可办理基金业务；券商渠道：投资者如果开立证券账户就可买卖基金；基金公司：投资者可以在基金公司网页买卖基金。

除此之外，一些网站也可以办理基金业务，如天天基金网、中国基金网等，只要注册后就可以登录购买各种基金。

2.基金定投

基金定投与零存整取类似，投资者可以与银行、券商等约定固定的时间、固定的金额对某种基金进行长期投资。一般按月定投，可以平滑风险和收益。能够进行基金投资的渠道都可以进行基金定投。

三、实训案例

股票型基金、债券型基金和混合型基金都包括两大类：一类是开放式基金；另一类是封闭式基金。这两类基金最大的区别是封闭式基金规模固定，在封闭期不能申购和赎回基金，只能在二级市场转让，其净值每周公布一次；开放式基金可以随时申购和赎回，基金规模不固定。所以，一般封闭式基金可以在证券账户购买和卖出，开放式基金可以在银行柜台、网上银行或基金公司网站和其他基金网站申购或赎回。

（一）股票型基金

股票型基金数量较多，以长城品牌优选（200008）（如图7-3所示）为例，要了解该基金的基本情况，可以通过基本概况来了解（如图7-4所示）。

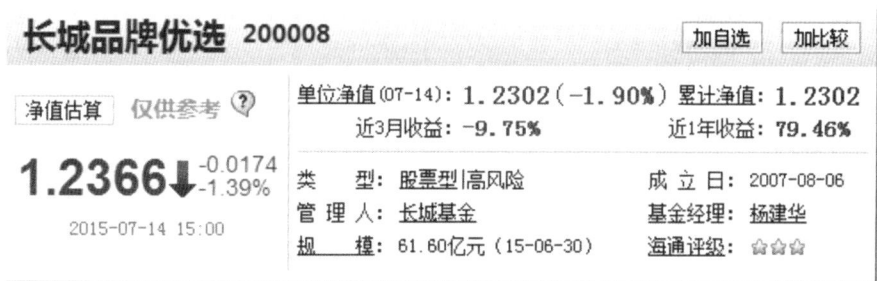

图7-3　长城品牌优选（200008）股票型基金

上面是通过天天基金网可以了解的一只基金的所有基本内容。

（二）混合型基金

要找到某一只混合型基金，可以在天天基金网主页点击混合型基金，就会出现所有混合型基金的列表，根据自己的标准，找到自己感兴趣的基金；如果知道基金公司可以通过基金公司网站寻找基金；如果知道基金名称，可以通过基金名称或基金名称首字母（例如，华夏大盘精选（000011）可以输入"hxdpjx"）寻找该基金；如果知道基金代码，可以通过基金代码找到该基金（如图7-5至图7-7所示）。

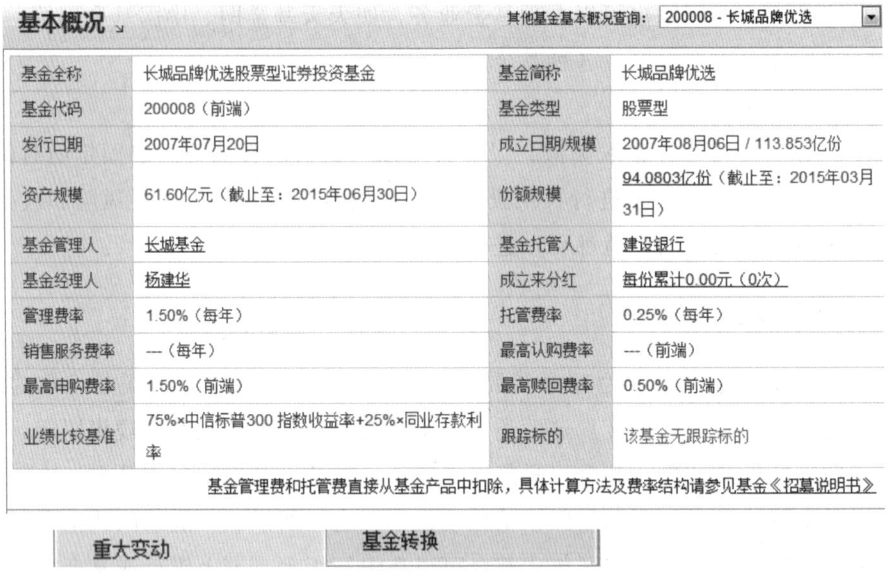

基本概况　　其他基金基本概况查询：200008 - 长城品牌优选

基金全称	长城品牌优选股票型证券投资基金	基金简称	长城品牌优选
基金代码	200008（前端）	基金类型	股票型
发行日期	2007年07月20日	成立日期/规模	2007年08月06日 / 113.853亿份
资产规模	61.60亿元（截止至：2015年06月30日）	份额规模	94.0803亿份（截止至：2015年03月31日）
基金管理人	长城基金	基金托管人	建设银行
基金经理人	杨建华	成立来分红	每份累计0.00元（0次）
管理费率	1.50%（每年）	托管费率	0.25%（每年）
销售服务费率	---（每年）	最高认购费率	---（前端）
最高申购费率	1.50%（前端）	最高赎回费率	0.50%（前端）
业绩比较基准	75%×中信标普300 指数收益率+25%×同业存款利率	跟踪标的	该基金无跟踪标的

基金管理费和托管费直接从基金产品中扣除，具体计算方法及费率结构请参见基金《招募说明书》

重大变动　基金转换

图 7-4　长城品牌优选基本概况

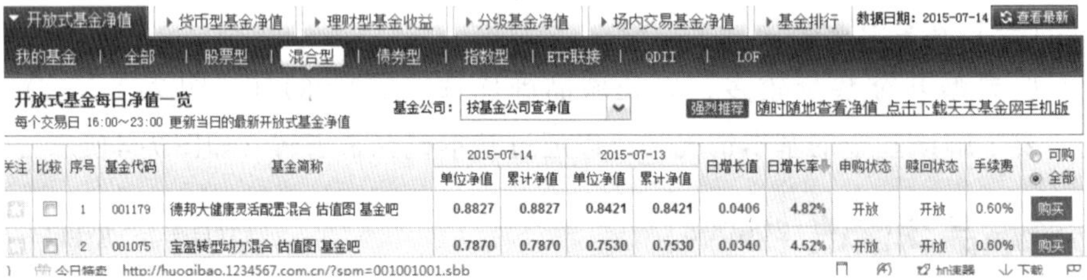

图 7-5　天天基金网混合型基金

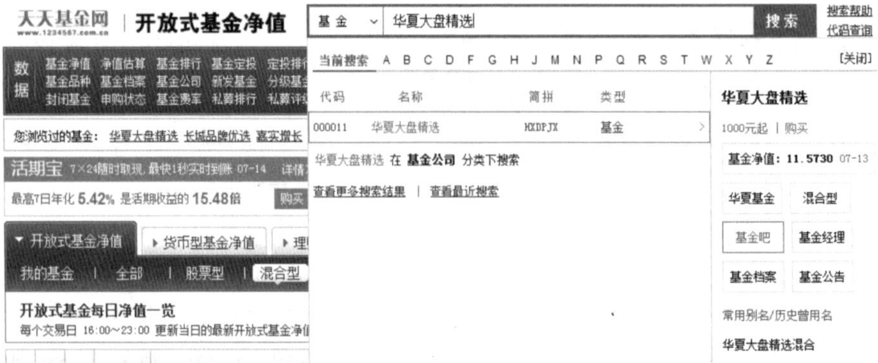

图 7-6　天天基金网基金查询页面

（三）ETF基金

ETF基金有两种交易方式：一种是使用A股股东账户或证券投资基金专用账户，在交易系统的“股票”栏目，买卖ETF基金，按基金实时价格成交；另

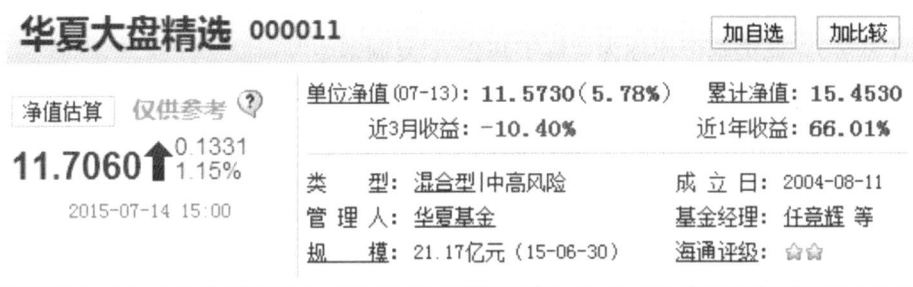

图7-7　华夏大盘精选基金基本情况

一种是通过专门的软件进行ETF基金申购赎回，不过申购赎回必须以一篮子股票（或有少量现金）换取基金份额或者以基金份额换回一篮子股票（或有少量现金）。由于同时存在二级市场交易和申购赎回机制，投资者可以在ETF二级市场交易价格与基金单位净值之间存在差价时进行套利交易。二级市场买入ETF份额，T＋1交易日可卖出；申购ETF份额或用ETF份额换取的股票，T＋0即可卖出，但一般ETF基金最小申购赎回单位为50万份或100万份，适用于资金量较大的投资者进行套利交易。

图7-8为某ETF基金基本情况查询图。

图7-8　某ETF基金基本情况查询图

（四）ETF联接基金

由于ETF基金必须通过证券公司购买，一些基金公司为了拓宽ETF的销售渠道，开发了ETF联接基金，ETF联接基金实质上是开放式基金的一种，其申购赎回方式、渠道等与普通的开放式基金完全一样。其特点在于：普通开放式基金和ETF的投资标的均为股票、固定收益类资产等，而ETF联接基金的绝大多数投资标的就是其标的 ETF 基金（一般以不低于 90%的仓位投资于该标的 ETF 基金），此类基金亦称为"影子基金""复制基金"。

图 7-9 为某 ETF 联接基金基本情况查询图。

基金全称	南方上证380交易型开放式指数证券投资基金联接基金	基金简称	南方上证380联接
基金代码	202025（前端）	基金类型	联接基金
发行日期	2011年08月22日	成立日期/规模	2011年09月20日 / 3.241亿份
资产规模	3.31亿元（截止至：2015年06月30日）	份额规模	1.6636亿份（截止至：2015年03月31日）
基金管理人	南方基金	基金托管人	建设银行
基金经理人	杨德龙、柯晓	成立来分红	每份累计0.00元（0次）
管理费率	0.50%（每年）	托管费率	0.10%（每年）
销售服务费率	---（每年）	最高认购费率	---（前端）
最高申购费率	1.20%（前端）	最高赎回费率	0.50%（前端）
业绩比较基准	上证380指数收益率×95%+银行活期存款利率(税后)×5%	跟踪标的	上证380

基金管理费和托管费直接从基金产品中扣除，具体计算方法及费率结构请参见基金《招募说明书》

图 7-9　某 ETF 联接基金基本情况查询图

（五）LOF 基金

LOF 的全称是上市开放式基金，一般开放式基金不能在场内市场进行交易，LOF 增加了开放式基金的场内交易功能，是一种开放式基金的创新。

图 7-10 为大成中小盘股票基本情况查询图。

大成中小盘股票 160918　加自选　加比较

净值估算　仅供参考 ⑦

单位净值(07-14)：1.7270（5.24%）　累计净值：4.5320
近3月收益：9.17%　近1年收益：90.62%

1.67731 ↑ 0.0363 2.21%
2015-07-14 15:00

类　　型：股票型|高风险　成立日：2014-04-10
管理人：大成基金　基金经理：魏庆国
规　　模：4.45亿元（15-06-30）　海通评级：暂无评级

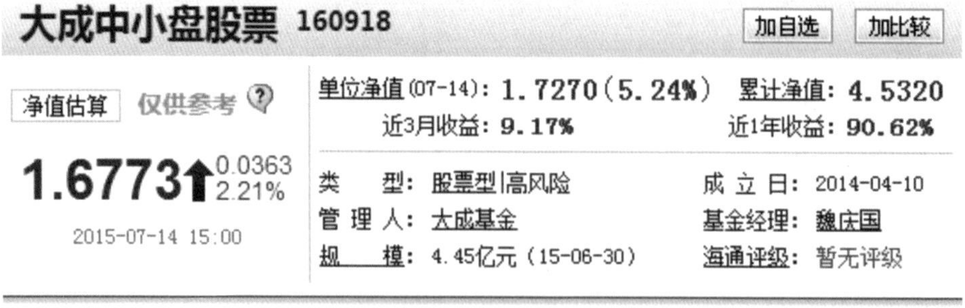

图 7-10　大成中小盘股票基本情况查询图

四、实训报告

（1）按照表 7-6 要求，填写相应的基金类型、名称、代码、公司、经理及规模。

表 7-6　　　　　　　　　　基金情况统计表

基金类型	基金名称	基金代码	基金公司	基金经理	基金规模
		160918			
		202025			
		510290			
	华夏大盘精选				
		200008			
QDII		110031			
	华夏恒生 ETF	159920			
LOF	国泰估值优势				

（2）请找出一只股票型基金，将其基本概况贴于下面空白处。

（3）请找出一只混合型基金的基金净值走势图，贴于下面空白处。

（4）请找出一只债券型基金的基金净值走势图，贴于下面空白处。

主要参考文献

［1］李淑芳，张洪哲．证券投资实训［M］．北京：中国物资出版社，2010．

［2］王玉霞．证券投资学［M］．大连：东北财经大学出版社，2010．

［3］李健元，李刚．证券、期货、外汇模拟实验［M］．2版．大连：东北财经大学出版社，2013．

［4］焦广才，焦晶晶．股票操作学：证券投资实训［M］．天津：天津大学出版社，2013．

［5］霍文文．证券投资学［M］．4版．北京：高等教育出版社，2013．

［6］郑振龙，陈蓉．金融工程［M］．3版．北京：高等教育出版社，2012．

［7］张元萍，张庆伟．金融衍生工具教程［M］．3版．北京：首都经济贸易大学出版社，2011．

［8］霍文文．金融市场学教程［M］．2版．上海：复旦大学出版社，2010．

［9］张亦春．现代金融市场学［M］．3版．北京：中国金融出版社，2013．

［10］杨胜刚，姚小义．国际金融［M］．3版．北京：高等教育出版社，2013．

［11］陈国嘉．新手学外汇交易投资［M］．北京：清华大学出版社，2012．